JN040003

# 18歳までに
# 子どもにみせたい映画 100

有坂 塁

KADOKAWA

はじめに

いまの子どもたちは、映像がとても身近にある世代です。

幼い頃からYouTubeに親しみ、サブスクリプションサービスを通じて
新旧問わず、日々さまざまな映画に触れることのできる環境にあります。
"映画見放題の世代"と言ってもいいかもしれません。
定額で自由に映画や映像が観られるその良さがある一方で
「作品数が多すぎて、何を観ていいかわからない」という声を
年々、耳にする機会が増えてきました。

僕が主宰する移動映画館「キノ・イグルー」は、
サブスクとは真逆の考えを持っているかもしれません。
カフェや美術館、酒蔵、無人島といった場所との掛け合わせの中で映画をセレクトし
一期一会の映画体験を楽しんでもらう、という活動を20年間続けてきました。
そういったかけがえのない時間作り/空間作りは
これからもずっと続けていきたいと思う一方で、
次世代に向けた新しいアクションも起こしていきたい……
と考えていた矢先の2020年に、待望の第一子が誕生したのです。
かわいいかわいい女の子で、現在3歳。
僕のDVDラックから気になった一枚を持ってきて
「みーせて」とせがんでくる"映画好き予備軍"です。

その姿を見ているうちに、僕の心は決まりました。
次の時代を作っていく人にとって"道標"となるような映画本を作ろうと。

一番大事にしたかったのは、
「子どもに合わせて選ぶばかりではなく、映画がその子の個性を引き出してくれる」
と信じること。

予期せぬ一本で、子どもの人生が激変することは往々にして起こります。
毎年プロデュースしている
恵比寿ガーデンプレイスの野外上映イベント「ピクニックシネマ」では、
最近こんなことがありました。

小学校1年生の双子くんが大好きな『パディントン2』を観たところ、
明日も絶対に行く！となり、
翌日は『海の上のピアニスト』へ。
パディントンとは異なり、こちらは字幕版での上映でした。
「子どもには難しいかな？　長いかな？」という母の心配をよそに
夢中で楽しむ双子くん。
結果、パディントンをはるかに超える大好きな一本になったのだとか！
さらに、エンニオ・モリコーネの音楽にも感銘を受け、
ピアノを習いたいと言い始めたというから二度びっくりでした。

これこそが、映画の力です。

映画は、世界の広さ、深さ、喜び、哀しみ、楽しみを教えてくれます。
つまずいた時には、支えや助けになってくれることもあるでしょう。
そして、映画にはたくさんの"夢"が詰まっています。
いつの日か、僕の手が届かない、想像も及ばない、
広い世界へ漕ぎ出していく娘と世界中の子どもたちへ、
夢いっぱいのこの本を贈ります。

有坂　塁

目次

CONTENTS

STAFF
アートディレクション＆デザイン：吉田昌平（白い立体）
デザイン：田中有美、水野沙耶（白い立体）
イラスト：Eaowen（vision track）
DTP：山本秀一、山本深雪（G-clef）
校正：株式会社麦秋アートセンター
取材・文：赤木真弓
編集：坂本亜里

# この本の使い方

1

1
『 グーニーズ 』
THE GOONIES

3

子どもの日常はアドベンチャー

　7人の少年少女が、海賊が隠した宝物を探す冒険アドベンチャー作品。主人公の少年少女と年齢が近い、7歳のときに映画館で観て"グーニーズ"のメンバーの一人になったつもりで冒険している気分を味わい、興奮して映画の余韻からなかなか抜け出せなかったことを覚えています。映画に興味がなく、じっとしているのが苦手だった僕のような子どもでも、前のめりで物語の世界に没入できるようなパワーがある。

　映画を観た後は、空き家を見ると"財宝が眠っているのでは"と思ったり、真似をして仲間と自転車に乗って遠くまで出かけたり、日常がアドベンチャーのように感じられて、大きな影響を与えてくれました。大男スロースのシーンは、子どもには少し怖いと感じられるかもしれません。今観るとぞわぞわするような違和感のある要素も、あの時代の映画ならでは。ぜひアイスクリームを食べながら観てほしいです。

監督｜リチャード・ドナー｜出演｜ショーン・アスティン、ジョシュ・ブローリン、ジェフ・コーエン｜1985年｜アメリカ｜114分

「映倫区掲載物」「サバカン SABAKAN」

4
「グーニーズ」好きは必見。日本の子どもたちの友情と冒険を描いた作品。その冒険が、宝探しというスケールの大きなアメリカ映画と、あくまで日常と地続きのなかで表現する日本映画との違いを観たくて。

---

① テーマ

本書籍では25のテーマに沿って作品をセレクトしています。気になるテーマのものからぜひご覧ください。

③ 解説

この作品の見どころやポイントなどを有坂塁が詳しく解説。作品への理解と思いが深まります。この作品を子どもに観てほしい作品として選んだ理由なども綴っています。

② 描き下ろしイラスト

映画のキーとなるシーンや有坂塁のお気に入りシーンをタイ在住のイラストレーター・Eaowen が本書籍のために全100点を描き下ろしました。描かれている場面をぜひ本編で探してみて。

④ おまけ

セレクトした作品に関連するものや理解をより深めてくれる作品を"おまけ"として2タイトルずつ紹介しています。

ATTENTION

目次（P4-8）の作品タイトルに「 PG 」が表記されているものは、一般財団法人映画倫理機構（映倫）が定めるレイティングにおいて「PG-12」に該当する作品です。※ PG-12＝12歳以下の方が鑑賞する際は保護者等の助言・指導が必要とされているもの。

# 1

# 『グーニーズ』

## THE GOONIES

### 子どもの日常はアドベンチャー

　7人の少年少女が、海賊が隠した宝物を探す冒険アドベンチャー作品。主人公の少年少女と年齢が近い、7歳のときに映画館で観て"グーニーズ"のメンバーの一人になったつもりで冒険している気分を味わい、興奮して映画の余韻からなかなか抜け出せなかったことを覚えています。映画に興味がなく、じっとしているのが苦手だった僕のような子どもでも、前のめりで物語の世界に没入できるようなパワーがある。

　映画を観た後は、空き家を見ると"財宝が眠っているのでは"と思ったり、真似をして仲間と自転車に乗って遠くまで出かけたり、日常がアドベンチャーのように感じられて、大きな影響を与えてくれました。大男スロースのシーンは、子どもには少し怖いと感じられるかもしれません。今観るとざわざわするような違和感のある要素も、あの時代の映画ならでは。ぜひアイスクリームを食べながら観てほしいです。

監督：リチャード・ドナー｜出演：ショーン・アスティン、ジョシュ・ブローリン、ジェフ・コーエン｜1985年｜アメリカ｜114分

『鉄塔武蔵野線』『サバカン SABAKAN』
『グーニーズ』好きは必見。日本の子どもたちの友情と冒険を描いた作品。その冒険が、宝探しというスケールの大きなアメリカ映画と、あくまで日常と地続きのなかで表現する日本映画との違いを観比べて。

兄弟の思いを応援する、大人のやさしさ

　両親の離婚によって福岡、鹿児島と離れて暮らす兄弟を主人公にした、是枝裕和監督作品。福岡と鹿児島を繋ぐ九州新幹線の全線開通をきっかけに、バラバラになった家族の仲を取り戻そうとする、兄弟の話です。鹿児島から福岡に向かう〈つばめ〉と、逆方向に向かう〈さくら〉の、2つの新幹線の距離が0になる地点まで旅をする、ロードムービーでもあります。

　兄弟とその友人である子どもたちが、全力で走って叫んで、特別な時間が描かれながら、関わってくる周りの大人たちがとてもやさしいところがいい。学校の保健の先生や、子どもたちを泊めてくれるおじいちゃんとおばあちゃん……悪人が子どもを追い込むような映画ではないので、子どもたちが安心して育っていける世界が、実はこの世にはあると教えてくれるようです。大人を信じて生きていける良さは、きっと温かな気持ちになれるはず。

監督・脚本・編集：是枝裕和｜出演：前田航基、前田旺志郎、オダギリジョー｜2011年｜日本｜128分

「くるりのライブ映像」「JR九州 九州新幹線全線開業CM」
映画のやさしい世界を包み込んでくれる、主題歌「奇跡」を歌うくるりのライブ映像と、九州新幹線開業をドキュメント的に映したCM。観ると、映画の世界が立体的になります。ぜひYouTubeで探してみて。

2

『奇跡』
I WISH

## 死への興味から始まる大冒険

　世界で最も有名であろう、青春を描いた不朽の名作。線路を歩いたり、焚き火を囲むシーンがよく知られていますが、意外となぜ、4人の少年たちが大冒険に出かけるのかという設定が忘れられがち。実は行方不明になった死体を探しに、旅に出るんですよね。子どもにとって死とは、身近でありながらも現実感がなく、理解がないからこそ好奇心がわくもの。大人になって改めて観ると、それを上手く使っているところがこの映画の強みだなと思います。

　笑いあり、涙ありという王道さもありながら、それぞれの子どもたちは将来の不安や悩みを抱えていて、ただの友情を描いた軽い作品ではなく、子どもの心にも刺さるような台詞やシーンが詰まっています。子ども同士で観るのもいいし、親子で観て、初めて観たときの話を共有するのもいい。映画の余韻のなかで、親子のコミュニケーションを楽しんでみてください。

監督：ロブ・ライナー | 出演：ウィル・ウィートン、リヴァー・フェニックス、コリー・フェルドマン | 1986年 | アメリカ | 89分

『ショーシャンクの空に』
『ゴールデンボーイ』
スティーブン・キングのオムニバス小説「恐怖の四季」の「死体」の映画化が『スタンド・バイ・ミー』。さらに本オムニバスから映画になった2本がこちら。読んでから観る？　観てから読む？

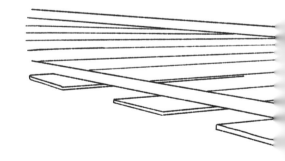

# 3

## 『 スタンド・バイ・ミー 』

STAND BY ME

# 4

## 『グッバイ、サマー』

### MICROBE & GASOLINE

少年たちの手づくり感あふれる旅

14歳の少年2人の夏休みを描いた、ロードムービー。ミシェル・ゴンドリー監督の自伝的作品です。女の子のような容姿でクラスの子にからかわれている、画家志望のダニエル。目立ちたがり屋で変わり者の転校生テオがやってきて、周りから浮いている2人は意気投合。息苦しい毎日から脱出するために、スクラップを集めて自分たちで作った車で旅に出る計画を思いつきます。

この世界から飛び出したいというとき、自分たちで車を作って旅に出るというのは、これまでにはなかったアプローチ。こんなに夢のある話はないと思うし、車が作れるというところまでイマジネーションを広げてくれるのは、ゴンドリーのいいところ。作った車はゆっくりで、スポーツカーのように速くは走れませんが、そのオフビート感も魅力。ほのぼのした雰囲気で、観終わった後はみんな笑顔になれる。物語の設定と同じく、夏休みに観てほしいですね。

監督・脚本：ミシェル・ゴンドリー｜出演：アンジュ・ダルジャン、テオフィル・バケ、オドレイ・トトゥ｜2015年｜フランス｜104分

『キングス・オブ・サマー』『河童のクゥと夏休み』

日米の夏休みを描いた作品。『キングス・オブ・サマー』は高校生の夏休み。『河童のクゥと夏休み』は原恵一監督によるアニメーション。ともに人生を変えるほどの忘れられない夏の思い出を描いています。

# 5

## 『かいじゅうたちのいるところ』
WHERE THE WILD THINGS ARE

### 子どもの言葉にできない気持ちに共感

　モーリス・センダックの名作絵本を映画化した、スパイク・ジョーンズ監督作品。いたずら好きな少年マックスは、お母さんとけんかして家を飛び出し、かいじゅうたちがいる島にたどりつく。かいじゅうたちはCGではなく、等身大の着ぐるみをわざわざ作って、アナログな形で世界観を表現したところが、作り手として誠実だし、原作へのリスペクトも感じられます。

　かいじゅうたちが暴れるシーンは、音もリアルで怖いと思った人も多く、評価が分かれますが、子どもの抑え切れないパワーが動きで表現されているところが、個人的には素晴らしいと思っています。誰もが子どもの頃に経験したことのある、思いを上手く言語化できない怒りや悲しみ、寂しさがいっぱい詰まっていて、それを支える母の姿にもグッときます。もしズル休みした日にこの世界観を体験したら、きっと一生忘れられない日になると思います。

監督：スパイク・ジョーンズ｜出演：マックス・レコーズ、キャサリン・キーナー、マーク・ラファロ｜2009年｜アメリカ｜101分

Fatboy SlimのMV「Praise You」、The PharcydeのMV「Drop」
絵本の世界観を形にした、スパイク・ジョーンズ監督の原点でもあるMV2作。視点を少し変えるだけで見たことがない映像表現ができる。おもしろい映像を作るのが好きな人なんだなと伝わってきます。

トーキング・ヘッズの世界観を堪能

　1983年ロサンゼルスで行われた、アメリカの人気バンド、トーキング・ヘッズによる伝説のライブフィルム。観客をほとんど映さず、パフォーマンスに集中しているので、その場にいるような感覚でクリエイティブな世界を体験できるのが特別。ライブが進むとともにバンドメンバーが増え、舞台セットも変わっていく演出が素晴らしく、40年経った今でも熱く語れるほど。白いビッグスーツなど、インパクトのあるファッションも楽しめて、さらに監督が『羊たちの沈黙』のジョナサン・デミというのも映画ファンにはたまりません。

　曲がいいのはもちろん、フロントマンのデヴィッド・バーンのダンスがいい意味で気持ち悪くて最高！　特に「Life During Wartime」で足と手をシンクロさせる動きは、子どもたちも真似したくなること間違いなし。10代の思春期のうちに、この世界観の洗礼を受けてほしいなと思います。

監督：ジョナサン・デミ｜出演：デヴィッド・バーン、ティナ・ウェイマス、ジェリー・ハリソン、クリス・フランツ｜1984年｜アメリカ｜88分

『真夏の夜のジャズ』『ラスト・ワルツ』
ジャズとロックのショーケース的な、最高のライブ映画2作。さまざまなミュージシャンが、クオリティの高いパフォーマンスを見せてくれます。夏の日にコーラやドーナツとともに、流し観したい作品です。

6
『ストップ・メイキング・センス』
STOP MAKING SENSE

# 7

『 ブ ル ー ス ・ ブ ラ ザ ー ス 』
THE BLUES BROTHERS

## エンターテイメントの最高峰

　アメリカの人気番組「サタデー・ナイト・ライブ」のブルース・ブラザースを映画化。アクション、コメディ、ミュージカルという、エンターテイメント映画の3大要素をそれぞれ最大限まで高め、一本の映画にまとめたのがすごいところ。どれも妥協なく、作っている側の志がとても高いと感じます。

　黒いハットと黒いスーツにサングラスの2人のファッションは、『メン・イン・ブラック』『マトリックス』でもオマージュが捧げられるほど、アイコン的な衣装。アクションシーンでは何台もの車をクラッシュさせたり、音楽のシーンではジェームス・ブラウンやレイ・チャールズ、アレサ・フランクリンなどのミュージシャンが出演し、ブルースやソウル、R&Bへのリスペクトや愛を感じます。ちゃんと笑えて、ジェットコースターに乗っているような展開に驚き、爽快感のあるラストに繋がる。そんなエンターテイメントを極めた一作です。

監督：ジョン・ランディス｜出演：ジョン・ベルーシ、ダン・エイクロイド｜1980年｜アメリカ｜133分

『狼男アメリカン』
マイケル・ジャクソンのMV「スリラー」
志の高い作り手の一人、ジョン・ランディス監督の作品。ホラーコメディ『狼男アメリカン』を観たマイケルがランディスに依頼、変身シーンやメイクを同じように作ったのが「スリラー」。改めて評価されてほしい監督の一人です。

エネルギー溢れる日本映画を観て

　長谷川和彦監督による、伝説的な傑作。沢田研二が演じる理科教師の城戸が、原子爆弾で政府を脅迫する。その設定もすごいのですが、目を見張るのが日本映画史上最高といってもいいほどのスケール感。日本でも、こんなに圧倒的なエネルギーを持つ映画を作れるんだと気づくことができた作品です。菅原文太が演じる山下警部との、ルパン的な追いかけっこで話が進んでいきますが、彼が警察に要求するのは「テレビのナイター中継を最後まで放送しろ」と「ローリング・ストーンズを日本に呼べ」の2つ。そんな70年代当時の、実際の日本の空気を上手くフィクションの中に取り入れながら、日本では見たことのない大エンターテイメントに仕上がっています。

　ワクワクできる物語の中で往年のスターを知ることができるので、観た後におじいちゃんやおばあちゃんと、世代を超えたコミュニケーションを楽しんでほしいです。

監督：長谷川和彦 | 出演：沢田研二、菅原文太 | 1979年 | 日本 | 112分

『七人の侍』『ユリイカ』

時代もジャンルも違う、スケールの大きな日本映画。『七人の侍』は活劇のスケール感では頂点にある作品。『ユリイカ』はロードムービーという枠組みで描かれた、ヒューマンドラマとして圧倒的なスケールです。

8

『太陽を盗んだ男』

THE MAN WHO STOLE THE SUN

9

# 『アイリス・アプフェル！94歳のニューヨーカー』

IRIS

## 自分らしく生きる姿に憧れる

インテリアデザイナー、実業家、さらに最高齢のファッショニスタでもある、アイリス・アプフェルの成功の秘訣がわかるドキュメンタリー。現在100歳を超える、彼女の生き方がとにかくかっこいい！ 歳を重ねることはネガティブに捉えられがちですが、こんなにもかっこよく自分らしく、生き生きとしている人がいるということを、ぜひ若い頃に知ってほしいです。

自分自身のスタイルを確立する上で大切なのは、どういう人間でありたいか。その軸があるからこそ、ハイブランドと民族衣装を組み合わせても、彼女らしさになっていくんです。また、これだけ経験を積み重ねた人が「特にルールはないの、あっても破るだけ」などと言ってくれることで、心が軽くなる人がたくさんいるはず。それを最終的にファッションを通して表現するアイリスを見て、何かやってみようという人が1人でもいてくれたらいいなと思います。

監督・撮影：アルバート・メイスルズ｜出演：アイリス・アプフェル、カール・アプフェル｜2014年｜アメリカ｜80分

『ハーブ＆ドロシー アートの森の小さな巨人』『人生フルーツ』

歳を重ねても、自分らしく生きている素敵な人たちを描いたドキュメンタリー。好きなものに夢中になりキラキラしている人を映画を通して観ることは、子どもにとっても大事。心を軽くする一助になるかも。

## ストリート界のヒーローたち

　ドキュメンタリー映画『DOGTOWN ＆ Z-BOYS』をもとにしたフィクション。この映画の主人公は、ドッグタウンと呼ばれる街で、スケートボードの世界を一新させた、伝説の集団Z-BOYS。フィルムを使って、70年代のアメリカ西海岸の空気感、彼らの日常が描かれています。『エレファント』のジョン・ロビンソンや『ダークナイト』のヒース・レジャーなど、ストリートのにおいのする俳優がちゃんとキャスティングされているところもポイントです。

　ストリートカルチャーでは、一番実力のある人がヒーロー。この映画ならヒース・レジャーが演じるスケボーショップの店主。その場所があるから、みんなが集まることができる。音楽、ファッション、70年代を表現するざらざらとした映像の感じもいいし、スケボーに全てをかけている感じが、すごくかっこいいんです。スケボーカルチャーの始まりが、よくわかる作品です。

監督：キャサリン・ハードウィック｜出演：エミール・ハーシュ、ジョン・ロビンソン、ヒース・レジャー｜2005年｜アメリカ｜107分

『KIDS／キッズ』 R15 『mid90s』
アメリカのスケボーカルチャーを初めて物語として描いたラリー・クラーク監督『KIDS／キッズ』と、それに影響を受けて作られたジョナ・ヒル監督の『mid90s』。スケボーに興味を持ったら。

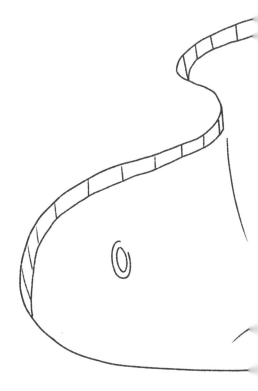

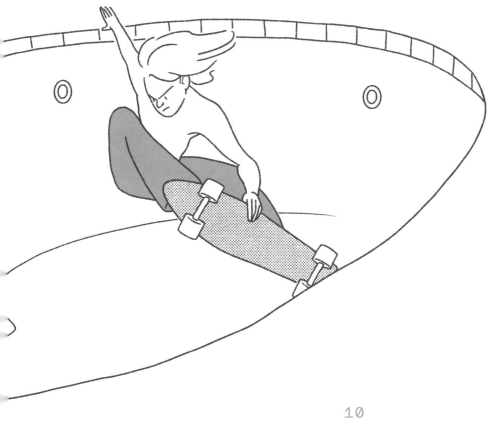

10

『ロード・オブ・ドッグタウン』

LORDS OF DOGTOWN

11

『ブルークラッシュ』
BLUE CRUSH

女性サーファーの素敵すぎる日常

　サーファーの聖地であるハワイ・オアフ島のノースショアを舞台に、女性サーファーにフォーカスし、彼女たちの日常を描いた作品。3年前の大会で溺れて以来、高い波に恐怖を感じている主人公のアン。10m以上の波と勝負する、最も危険な大会に挑戦するという気持ちのいい青春映画です。

　フィクションでありながら、CGを一切使わず、大きな波に立ち向かってリアルにパフォーマンスをする姿はとにかくかっこいい。サーフィンの大会のシーンは臨場感があって熱気が伝わり、だからこそラストにかけてドキドキできる物語にもなっています。サーファーは実際には女性もたくさんいるのですが、サーフィン映画となると、圧倒的に男性が主人公の物語が多い。そのイメージを痛快に破ってくれた、価値のある一本。サーファーの女の子たちのライフスタイルが、改めて素敵だなと思うきっかけになるかもしれません。

監督：ジョン・ストックウェル｜出演：ケイト・ボスワース、ミシェル・ロドリゲス｜2002年｜アメリカ｜104分

『エンドレス・サマー / 終わりなき夏』『スプラウト』
サーフィンをテーマにしたドキュメンタリー2本。『エンドレス・サマー / 終わりなき夏』は1966年製作のサーフィン人口を劇的に増やした名作。『スプラウト』はチル感があるので、BGM代わりにも。

## 好きなことを追い求めた63歳の実話

　アンソニー・ホプキンスが主演した、実話をもとにしたヒューマンドラマの傑作。ニュージーランドを舞台に、愛車のバイク"インディアン"を40年以上も改造し、世界最速記録を出すことに人生をかけている、バート・マンローの日常を描いています。

　世界最速記録を打ち立てる結果だけを見るとサクセスストーリーですが、描いているのは日常。小さな町でずっと挑戦を続ける、63歳のバートは変人扱いされていますが、周りから何と言われようと信念を持ってストイックに繰り返し、のちに大きな夢を叶えた。しかもそれが実話だということに感動します。小学生や中学生が観たら、自分の好きなことを追い求めれば、夢が叶うかもしれないと思えるのでは？　登場人物に悪い人がいないので安心して観られるし、バイクが大自然を疾走する映像は、どうやって撮ったのかとドキドキします。もっと多くの人に観てほしい作品です。

監督・脚本：ロジャー・ドナルドソン｜出演：アンソニー・ホプキンス、ダイアン・ラッド｜2005年｜ニュージーランド、アメリカ｜127分

『ビューティフル・マインド』『Winny』
バート・マンローのように、実在の人物を映画化した作品。『ビューティフル・マインド』はノーベル経済学賞を受賞した数学者、『Winny』はファイル共有ソフトの天才開発者を描いています。

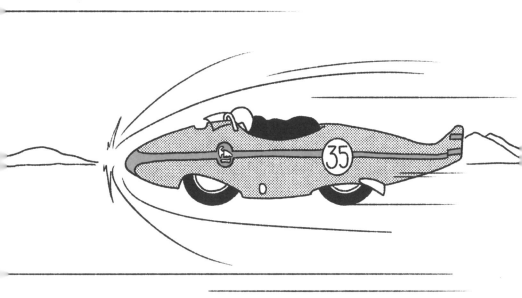

12

『世界最速のインディアン』

THE WORLD'S FASTEST INDIAN

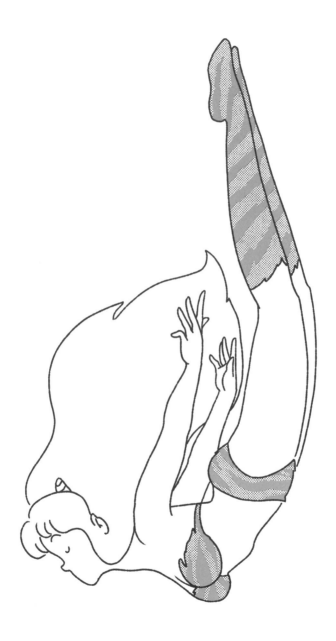

13

## 『うる星やつら2 ビューティフル・ドリーマー』
### URUSEI YATSURA 2: BEAUTIFUL DREAMER

タイムリープの原点のアニメーション

　高橋留美子の同名漫画が原作の人気テレビアニメ「うる星やつら」の劇場版第2作。『GHOST IN THE SHELL 攻殻機動隊』で知られる押井守監督の、初期の代表作といってもいい作品です。

　主人公の諸星あたるやラムが通う高校を舞台に、なぜか学園祭の前日を何度も繰り返してしまうというタイムリープもの。今でこそこういう物語はよくありますが、1984年に作られた本作は原点ともいえる一作です。哲学的な台詞があったり、少し

クセのある内容で観れば観るほど発見があり、「うる星やつら」というフォーマットを使うことで、この映画を特別なものにしています。後半にかけて、このタイムリープをどう解決していくのかという物語にシフトしますが、時間がなかなか進まないという設定や世界観は、小学生の頃に体験してもらいたい。クェンティン・タランティーノ、ギレルモ・デル・トロなど、世界的なクリエイターに影響を与えた押井守の作品だから、偏見を持たずに観てほしいです。

監督・脚本：押井守｜出演：古川登志夫、平野文、鷲尾真知子｜1984年｜日本｜98分

『クレヨンしんちゃん 嵐を呼ぶ モーレツ！ オトナ帝国の逆襲』
『ちびまる子ちゃん わたしの好きな歌』
劇場版アニメの傑作2本。『クレヨンしんちゃん』は社会的なメッセージが意外と強く、『ちびまる子ちゃん』はミュージカル映画のようなインパクト。テレビアニメファン以外の人にもぜひ観てほしいです。

## 誰もが楽しめるタイムトラベル映画

これぞタイムトラベル映画の金字塔。高校生のマーティ・マクフライは、近所に住む科学者エメット・ブラウン、通称ドクが愛車デロリアンを改造して開発したタイムマシンの実験を手伝いますが、誤作動で過去にタイムスリップしてしまう。両親の若い頃を見たり、未来に行ったり、現実以外の世界をこれだけわかりやすく楽しく、テンポよく見せてくれて、全てが最高のクオリティといってもいいほど。隅々までよくできているエンターテインメントです。

SF映画ですが、ベースには家族愛や諦めないことの大切さがあり、人間の感情的なところを丁寧に描いているからこそ、ハラハラドキドキできるし、ラストに向かって盛り上がることができます。デロリアンもガジェットとしてかっこいいし、ファッションや音楽など、80年代のカルチャーは今観てもおもしろい。本作からPART2、3まで、ぜひ順番に観てください。

監督：ロバート・ゼメキス｜出演：マイケル・J・フォックス、クリストファー・ロイド、トーマス・F・ウィルソン｜1985年｜アメリカ｜116分

『トレインスポッティング』『マリー・アントワネット』
マーティが履いているコンバースに注目。『マリー・アントワネット』は時代考証を無視して、監督のソフィア・コッポラの世界観の中で出てきます。キャラクターが選ぶアイテムに注目して観るとおもしろい。

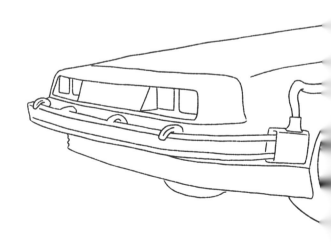

14

『バック・トゥ・ザ・フューチャー』

BACK TO THE FUTURE

# 15

# 『フィッシュストーリー』

## FISH STORY

### 4つの時空を超えた物語

　伊坂幸太郎の小説『アヒルと鴨のコインロッカー』と同じく、同名の短編小説を中村義洋監督が映画化した作品。1975年に発表された、売れないパンクバンドによる最後の曲「FISH STORY」。この曲を起点に、1982年、2009年、2012年の4つの時代の出来事が同時進行で進み、最後に繋がっていくという時空を超えたストーリー展開。いろいろな人の思いが集約され、ラストに爽快感を味わうことができます。

　極端にいうと、映画の9割が物語の伏線として描かれていて、ラストの1割でそれを全て回収する。そこに振り切っているところがおもしろいです。辻褄が合わないなど、確かに気になるところもありますが、それを突っ込めなくなるくらい、1本筋が通っている痛快さがあります。物語のキーとなる音楽は斉藤和義が担当。伊藤淳史や高良健吾などの俳優陣も良く、見逃していてはもったいない作品です。

監督：中村義洋｜出演：伊藤淳史、高良健吾、多部未華子｜2009年｜日本｜112分

『スティング』『ユージュアル・サスペクツ』
同じく伏線を回収してくれる2作。どんでん返しの元祖『スティング』とクライムサスペンス『ユージュアル・サスペクツ』。どちらも予想外の爽快感を味わえます。できれば情報はゼロの状態で観てください。

## スケールの小さすぎる時間旅行

　京都の劇団「ヨーロッパ企画」の芝居、「サマータイムマシン・ブルース2003」を映画化。大学のSF研究会のさえない男子5人組が、タイムマシンをめぐり、思いがけない事態に巻き込まれる姿が描かれた青春SFコメディ。ある日、部室のエアコンのリモコンが壊れ、部室にあった不思議な機械を使って壊れる前のリモコンを取ってくるという、とてもスケールの小さい話に終始している点がおもしろいところ。時間移動を利用して、伏線も巧みにちりばめているので、壮大なスケールで作れそうなのに、どこまでも小さな話に落ち着く、そのギャップとセンスが素晴らしいです。

　友達同士で楽しむ姿など青春映画としての魅力もきちんと描きつつ、ゆるいギャグもあり、展開もゆっくりなので、気負わずに観ることができます。音楽はHALFBY、映画初主演だった永山瑛太など、俳優陣の若かりし頃の姿も見どころです。

監督：本広克行｜出演：永山瑛太、上野樹里、与座嘉秋｜2005年｜日本｜107分

『ドロステのはてで僕ら』『リバー、流れないでよ』
「ヨーロッパ企画」が監督も担当した、オリジナルの長編映画2本。日常のあるあるをフィクションに上手く入れるから共感性が高く、エンターテイメントにしっかり仕上げられているところが魅力です。

16

## 『サマータイムマシン・ブルース』

### SUMMER TIMEMACHINE BLUES

## 17

## 『霧の中のハリネズミ』
### HEDGEHOG IN THE FOG

## 切り絵で表現する、ひとりぼっちの心細さ

ロシア人アニメーター、ユーリ・ノルシュテイン監督の短編アニメーション。ハリネズミのヨージックが友達の子グマくんに木苺のジャムを届けにいく途中、霧に包まれる不思議な体験を描いた物語です。この映画の主役は、ヨージックと森の中に立ち込める霧。ヨージックが感じる不安や恐怖が嘘にならないよう、丁寧に描くことにこだわっています。

切り絵をコマ撮りして撮影していますが、本作のためにマルチプレーンという撮影台を作り、多層のガラス面を作ることで立体感を出しました。その手法はまさに発明。霧の表現や淡い空気感、いろいろな動物のフォルムの愛らしさやいじらしさなど、10分の中にさまざまな魅力が詰まった大傑作です。霧の中で迷子になっているときのハリネズミの不安や恐怖、諦めは、人生そのものを象徴しているというのも高い評価に。老若男女、幅広い層に届く作品です。

監督・アニメーション：ユーリ・ノルシュテイン｜出演：マリヤ・ビノグラードワ｜1975年｜ソ連｜10分

『ジャンピング』、ビョークのMV「ヒューマン・ビヘイヴィアー」
多くのクリエイターに影響を与えた『霧の中のハリネズミ』。その一人、手塚治虫の短編アニメーションの代表作『ジャンピング』。ストーリー展開もそのままのビョーク×ミシェル・ゴンドリーのMVも。

# 18

# 『春のしくみ』

## THE MECHANISM OF SPRING

新感覚の、日本のクリエイター作品

　1980年生まれのアニメーター和田淳。物語はなく、間と気持ちのいい動きをテーマに、映画を作り続けています。例えば『春のしくみ』は、「誰でも一年に一度はおそわれるという春のウズウズ感。この春のウズウズ感のメカニズムの解明に果敢に挑んだ研究アニメーション」という設定はありますが、観ないとそのおもしろさがなかなか伝わらないので、まず一本観てほしいです。

　台詞はなく、ジャック・タチの映画のように、音やタイミングの間がおもしろいので、絵を観て好きだなと思ったら、間違いなく気に入ってもらえる映画。シャーペンを使って描いた繊細な線、リズムやテンポ、空気感は、どの作品にも共通しています。リラックスして、おやつでも食べながら観ると、笑いが止まらなくなるかも。今は誰もが作品を発表できる時代。こういうクリエイターの作品を観て、自分もやってみたいと、刺激を受けてほしいです。

監督・脚本・編集・音・アニメーション：和田淳｜2010年｜日本｜4分

岡江真一郎、水尻自子

独特な世界観で作品を作る、日本の若手アニメーション監督2人。ミュージシャンでもある岡江真一郎と、海外で高く評価される水尻自子。おもしろい個性を持つ、同世代の監督の作品も要注目です。

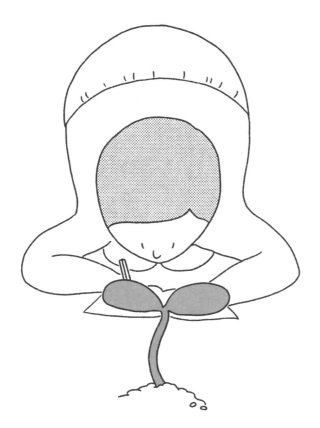

## ロトスコープの味わいのある動き

　漫画家・大橋裕之の「音楽と漫画」をアニメ化。岩井澤監督がほぼ1人で作った、71分の中編アニメーション。制作期間は7年間、作画枚数は4万枚以上。実写の動きをトレースしたロトスコープという手法を使って撮っているので、人の動きがなめらか。シンプルな線画との組み合わせがおもしろく、ほかにはない個性となっています。

　楽器を触ったこともない不良学生たちがバンドを始める、ゆるい日常を描いた物語。台詞が少なく、アキ・カウリスマキ映画のような独特の間がありますが、だんだんその間がクセになり、気がつけばシュールでゆるい世界観にのめり込んでしまう。実際にフェスを開催して撮った映像をトレースした、躍動感あるラストのライブシーンにはカタルシスもあり、さらにそれを演じるのが、ミュージシャンの坂本慎太郎や岡村靖幸。音楽好きにも観てほしいし、子どもたちにも出合ってもらいたい一本です。

監督監督・脚本・絵コンテ・キャラクターデザイン・作画監督・美術監督・編集：岩井澤健治｜2019年｜日本｜71分

『青春デンデケデケデケ』
『リンダ リンダ リンダ』
ロックの"初期衝動"を描いた物語2本。1960年代の若者たちを描いた、大林宣彦監督の『青春デンデケデケデケ』と、女子高生のバンドが主人公の山下敦弘監督による『リンダ リンダ リンダ』。

19

『音楽』
ON-GAKU: OUR SOUND

20

『Away』

AWAY

台詞のないロードムービー

ラトビアのクリエイター、ギンツ・ジルバロディスが1人で3年半かけ、監督・製作・編集・音楽を手がけた、81分の長編アニメーション。飛行機事故である島に不時着した少年が、オートバイでさまざまな土地を駆け抜けていくという、シンプルなロードムービー。全編にわたって台詞が一切なく、それでも伝わる人間の普遍的な孤独や不安などをテーマに描かれています。台詞がない分、観ている側の想像力が広がり、しっかり映画の世界に入って楽しむことができる。その余白がこの映画のいいところだなと思います。

幻想的で美しい世界観で、アニメーションとしてとても魅力がありますが、疾走感や風景が流れていく感じは、ゲームにも近いと感じます。この映画には、3Dゲームのネイティブ世代が作ったというフレッシュなエッセンスが漂い、ほかとは違う新しさが感じられます。

監督・脚本・製作・編集・音楽：ギンツ・ジルバロディス ｜ 2019年 ｜ ラトビア ｜ 81分

『モーターサイクル・ダイアリーズ』『大脱走』
観終わった後に、バイクに乗りたくなる実写映画2本。自転車とも車とも違うスピード感で風景が流れていくバイクの疾走感が心に残ります。絵としてもかっこいいバイクを見て、趣味を広げてみては？

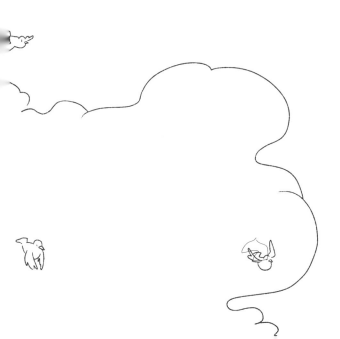

## ダメな大人から元気をもらえる

　観終わった後に元気になれる映画として、まずはこれ。僕自身が落ち込んだときに観て、なんであんなことで悩んでいたんだろうと心の底から思えた、特別な一本です。

　落ちこぼれミュージシャンが名門小学校の先生になりすまし、ロックを通じて子どもたちと交流するというストーリー。この映画がいいのは、夢を追いかけて諦めないところももちろんですが、その中心にいる先生に嘘がないこと。そもそも先生ではな

いし、バンドの大会に出るのは賞金が欲しいからと動機は不純ですが、子どもたちとバンドを始めるうちに、だんだん本気になっていく。ダメな大人が主人公だからこその説得力や親近感が、この映画を信じられる理由の一つになっています。先生役のジャック・ブラックがロックの歴史を教えてくれて、ロックに興味がない人も、誰もが楽しめる映画。エンドロールも楽しいので、最後までちゃんと観てくださいね。

監督：リチャード・リンクレイター｜出演：ジャック・ブラック、ジョーン・キューザック、サラ・シルヴァーマン｜2003年｜アメリカ｜109分

『ヘドウィグ・アンド・アングリーインチ』『パイレーツ・ロック』
スルーしてはもったいないロック映画。しっかりと人間が描かれた物語に共感できれば、音楽の好みを超えて好きな作品になるはず。もっとロックをお知りたくなったときに、強烈におすすめしたい2本です。

21

『スクール・オブ・ロック』

THE SCHOOL OF ROCK

22

『世界でいちばんのイチゴミルクのつくり方』
FIDDLESTICKS

## 純粋な子どものパワーに圧倒される

　ドイツ発のキッズムービー。大好きなお
じいちゃんおばあちゃんたちを助けたいと
いう、純粋な子どもらしい思いがベースに
ありながら、大人の言うことを聞かずに暴
れ回り、建物や機械を容赦なく壊していく。
そこが痛快で爽快で、めちゃくちゃすぎて
笑えます。ロッタちゃんやピッピのような
子どもを想像して観ると、思っていたより
も激しいので驚いてしまいますが、そこま
でやるからこそのカラッとした明るさがあ
り、観終わった後に元気になれます。

　大人は子どもに言うことを聞かせようと
しますが、子どもたちにも子どもなりに思
うところやストレスがあるんですよね。監
督は『ツバル』など、アート寄りの作品を
撮るファイト・ヘルマー。キッズムービー
というフレームを使いながら、エンターテ
イメントとして志が高く、密度が濃くて子
どもから大人まで楽しめる。小さな子ども
にも観てほしい一本です。

監督・製作：ファイト・ヘルマー｜出演：ノラ・
ボーネル、ジャスティン・ウィルケ、シャーロッ
ト・ルービッヒ｜2014年｜ドイツ｜83分

*『トリュフォーの思春期』『わんぱく戦争』*
やんちゃな子どもたちが主人公の映画。天真爛漫
で元気いっぱいの子や、陰のある子など、いろ
いろな子どもたちが出てくるスケッチ的なおもしろ
さがあります。子育て中の親にもおすすめ。

寄り添ってくれるやさしさがある

　落ち込んだとき、寂しさや孤独に寄り添ってくれる作品。レイモンド・ブリッグズが描いた原作の絵本もいいですが、アニメーションとしても素晴らしい。特に少年とスノーマンが空を飛ぶ表現の仕方が、自分も一緒に飛んでいるような気持ちになれるので秀逸。絵本しか読んだことのない人にもぜひ観てもらいたい作品です。

　色鉛筆で描いたようなやさしいタッチの絵で、やわらかく温かな印象はあるけれど、寂しさが根底に流れている物語。スノーマンという友達ができて、空を一緒に旅する。子どもの頃の夢のような世界を実際に目にすることで、今悲しみを感じている人も終止符が打てるような気がします。

　ラストが寂しいと感じる人もいるかもしれませんが、現実としてこういうことが待っているのは当たり前のこと。豊かに過ごしたそれまでの時間が、その人をずっと支えるのだと教えてくれます。

監督：ダイアン・ジャクソン｜1982年｜イギリス｜26分

『ファーゴ』『Love Letter』
雪の風景が印象的な名作。雪は世界観を作れる映画向きの題材。雪というシチュエーションを上手く活かして作られていますが、同じ雪の風景ながら振り幅があるので、ぜひ2本とも観てほしいです。

23

『スノーマン』

THE SNOWMAN

24

## 『きっと、うまくいく』
### 3 IDIOTS

### 悩みも忘れるほど、濃密な3時間

邦題が秀逸すぎて、それだけでも元気がもらえるような一作。受験戦争などで、エリートを生み出すインドらしいバックグラウンドをベースにしつつ、その渦中にいる3人の友情やはちゃめちゃな騒動を描きます。その中に、インドの教育問題に一石を投じるメッセージ性があるだけでなく、歌ったり踊ったりという、インド映画らしいさまざまな要素を詰め込んだ感動大作。いろいろな感情に揺さぶられ、何に悩んでいたか忘れるくらい、特別な3時間を過ごすことができ、デトックスができます。

ただ楽しいだけではなく、やりたいことが選べない理不尽さなど、根底に流れるしっかりとしたメッセージ性があるから、笑えて泣けて、爽やかさもある。きちんと伏線回収してくれる気持ち良さもあり、トータルで完成度が高いです。この映画を機に、インド映画を観てほしい。思わずメモしたくなるような名言にも注目してください。

監督・脚本：ラージクマール・ヒラニ｜出演：アーミル・カーン、カリーナ・カプール、マーダヴァン｜2009年｜インド｜170分

『チャーリーズ・エンジェル』『きみの鳥はうたえる』
2人よりも不安定なバランスだからこそもろさを抱えていたり、まとまったときに強さがある3人組が主人公の作品。それが男性同士、女性同士、男女交ざったときにどうバランスが変わるか、注目して観て。

## 日本で一番
## 映画を観ていない19歳

　僕は、日本で一番映画を観ていない19歳だったでしょう。

　当時の僕は『グーニーズ』と『E.T.』しか観たことのない積極的な映画嫌いで、友達が熱狂していたスタジオジブリやジャッキー・チェン、『バック・トゥ・ザ・フューチャー』さえ拒むほどに、映画とは無縁の生活を送っていました。

　それが一変したのは、1994年春のこと。当時お付き合いしていた彼女に何度も誘われては断り続けた映画デートをついに受け入れた僕は、人生3本目の映画を観に、池袋サンシャイン通り沿いにあった映画館へ。

　そこで僕の価値観は一変！　一瞬にして、人生を捧げるほどの映画好きへと変わってしまったのです。文字通りの分岐点と言える日になりました。

　僕を変えた要因は、まず、作品の力が大

私のパンフレットコレクション

『クール・ランニング』
デザイン：不明

映画嫌いから、映画好きへ。人生が変わった瞬間に購入した記念碑的な一冊。何度繰り返し読んだことか。

『ブロードウェイと銃弾』
デザイン：河原光

伝説の編集者・川勝正幸ワークス。「若い世代のためのウディ・アレンガイド」など企画力の面白さで、僕は熱狂的なウディファンに。

きいことに間違いはありません。「映画って
こんなに楽しいのかっ！」と観ている間ず
っとワクワクしていたし、ラストの崇高な
メッセージには涙があふれて止まりません
でした。それは、雷が落ちるほどの衝撃だ
ったのです。

でも、今となっては、理由はそれだけで
はなかったことがよくわかります。それは
"映画館の力"です。

足を踏み入れた瞬間に圧倒される巨大空
間。天井まで迫る大スクリーン。そこに映
し出される映像美と、緻密でリアルなサウ
ンド。共に笑い、泣き、一体感を共有でき
る観客の存在は、1人でもひとりじゃない
安心感に近いものを与えてくれます。その
非日常感こそが、映画館の特別な価値。

僕はある時期から、マスコミ試写会に行
くことをやめました。最初こそ、試写状が
ポストに届き、無料で観られる特別感を楽
しんでいたのですが、すぐに異なる感情が
湧いてきました。ワクワクしないのです。

選べるのなら、試写会へ仕事で来ている
人とではなく、その映画を待ち望んだ観客
と、映画館という空間で感動を共有したい、
ということに気がついたのです。

また、僕には"ジブリ作品は全て映画館
で観る"というマイルールがあります。
テレビで放映されていても絶対に観ません
（笑）。『崖の上のポニョ』から始まったこの
プロジェクトは、残り『紅の豚』『耳をすま
せば』『ハウルの動く城』の3本でコンプリ
ート！ というところまできています（202
3年時点）。

始めたのは、全ジブリ作品を映画館で観
た人ってどのぐらいいるのだろう？という
素朴な疑問から。観られるけど観られない、
という状況も意外と楽しいものです。

映画館とマイルール。あなたも何かやっ
てみてはいかがでしょう？

『浮き雲』
デザイン：辻修平

キノ・イグルーの名付け親である
アキ・カウリスマキ監督との出会
いになった一作。衝撃的すぎて、
最低でも100回は読みました。

『ペイネ　愛の世界旅行』
デザイン：NANA

ラブ＆ピースなペイネ・ワールド
炸裂な一冊。プチグラパブリッシ
ングのパンフはいつだっておしゃ
れ。『チェブラーシカ』もおすすめ。

## 15歳のグレタの素顔を知る

　スウェーデンの若き環境活動家、グレタ・トゥーンベリの素顔に迫ったところが、この映画の見どころ。環境活動の内容もたくさん出てきますが、当時15歳だったグレタが、なぜたった一人で国会議事堂前に座り込んで、ストフイキを始めたのか、また家族がどのようにサポートしていったのか、個人的な思いにフォーカスし、ニュースではうかがい知れない人間的な面が詰まったドキュメンタリーになっています。

　映画の中でも「15歳の子が何を言ってるんだ」と言われたりしますが、グレタはアスペルガー症候群を抱えながら自分でも理解し、それを強みに変えて、自分が本当に信じたものに対して前に向かって行動をしている。こういう人がいると知れば、きっと勇気をもらえるはずなので、ぜひ同世代の子に観てほしい。活動初期からカメラを回しているという点でも、すごく価値がある作品です。

監督：ネイサン・グロスマン｜出演：グレタ・トゥーンベリ、スヴァンテ・トゥーンベリ、アントニオ・グテーレス｜2020年｜スウェーデン｜101分

『ドント・ルック・アップ』
『平成狸合戦ぽんぽこ』
環境問題を描いたフィクション映画。巨大彗星が地球に追突する『ドント・ルック・アップ』、自然破壊で土地を追われる狸の『平成狸合戦ぽんぽこ』。危機感が制作のモチベーションになっています。

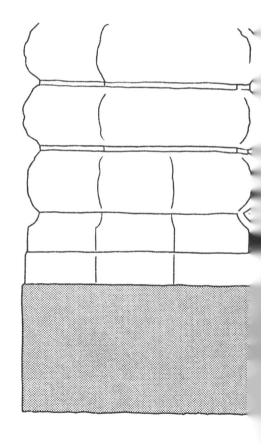

## 25

『グレタ　ひとりぼっちの挑戦』

I AM GRETA

26

『ブエナ・ビスタ・ソシアル・クラブ』
BUENA VISTA SOCIAL CLUB

音楽を心から楽しむ、ミュージシャンの姿

1999年に公開された、キューバ音楽のドキュメンタリー映画。異文化への興味関心が高かった時代、日本でも映画に登場するミュージシャンたちによるライブが開催されるなど、大きな影響を与えました。世界的ギタリストのライ・クーダーと、『パリ、テキサス』のヴィム・ヴェンダース監督の繋がりから、このプロジェクトが生まれたという点も、とても興味深いです。

自分らしく、楽しく音楽をしている老ミュージシャンたちはとにかくおしゃれだし、ピンク色のバスなど、色が溢れたキューバの街並みも観ていて楽しく、キューバの乾いた暑さが伝わってきて、旅心をくすぐられます。できれば真夏に、大きな音で、音楽を全身で感じながら観てもらいたいです。何歳になっても学ぶ心を忘れなかったり、初めて触れたものに純粋に感動するおじいちゃんたちの姿は、いろいろな面で学びが多いと思います。

監督：ヴィム・ヴェンダース｜出演：ライ・クーダー、イブライム・フェレール、ルベン・ゴンザレス｜1999年｜ドイツ・アメリカ・フランス・キューバ｜105分

『アメリ』『ムトゥ 踊るマハラジャ』
同じく、かつて渋谷にあった伝説のミニシアター「シネマライズ」で大ヒットした映画。この3本が公開されていたというセレクトの妙もあり、渋谷の街にまだ知らない文化を伝え、多大な影響を与えました。

## バレエがすべての、少年3人の4年間

北欧版『リトル・ダンサー』。ノルウェーでプロのバレエダンサーを目指す3人の少年に密着した、青春ドキュメンタリー。12歳から16歳という多感な時期には、挫折や不安、失敗もあり、3人の関係が揺れていくところは、誰もが共感できるポイント。それを経てなお、夢を追おうとしている姿を見ていたら、応援せずにはいられません。4年間追ったことが、この映画の作品としての深みに繋がっています。

異なる個性を持った3人が、同じ夢に向かって努力を続けて、どんどんキラキラしていく姿を同世代の人が観たら、きっと自分も負けていられないと、刺激をもらえるし、親目線で観ると言葉選びも参考になり、自分の子どもの夢をきちんと応援したいという気持ちになれると思います。

バレエは女の子がやるものだと思っている人にこそ観てほしい。努力している姿は、素直にかっこいいと思えます。

監督：ケネス・エルヴェバック｜出演：ルーカス・ビヨルンボー・ブレンツロド、シーヴェルト・ロレンツ・ガルシア、トルゲール・ルンド｜2014年｜ノルウェー｜75分

『ピーターラビットと仲間たち　ザ・バレエ』『Girl／ガール』
改めて観てもらいたいバレエ映画。バレエは舞台の裏側が見えづらい世界。精神も肉体もすり減らし、弛まぬ努力の先に最高の舞台があることを知ると、舞台の見え方にも奥行きが出てくると思います。

27

『バレエボーイズ』
BALLET BOYS

28

# 『マン・オン・ワイヤー』

## MAN ON WIRE

夢を追いかける人に勇気をくれる

1974年、ニューヨークのワールド・トレード・センターのツインタワーを使って、地上110階の高さにワイヤーをかけて、命綱もつけずに綱渡りをする、フランスの大道芸人フィリップ・プティのドキュメンタリー。なぜ"史上最も美しい犯罪"と言われた綱渡を行ったのか、映像として記録されている。こんな価値のあるドキュメンタリーはないのではないかと思います。

世の中にはこんな人もいるんだと最初は冷静な目で観て、本人のインタビューや練習風景、実際に綱渡りをする嘘のような風景を観ているうちに、だんだん成功を見届けたくなってきます。何百回と逮捕されても諦めず、夢の一つとしてチャレンジをし続ける。本人にしかわからない世界を観ているようで、フィクションよりもストレートに心が動くし、自分の好きを追求すると、こんなスケールのことまでできるんだなと希望が持てます。のちにこのプティの挑戦をロバート・ゼメキス監督がフィクションとして描いた『ザ・ウォーク』もぜひ。

監督：ジェームズ・マーシュ｜出演：フィリップ・プティ、ジャン＝ルイ・ブロンデュー、アニー・アリックス｜2008年｜イギリス｜95分

『ザ・ロイヤル・テネンバウムズ』『私の中のもうひとりの私』
『マン・オン・ワイヤー』の圧倒的に美しい風景に当てられた曲、エリック・サティの「ジムノペディ」が使われた2作。同じ曲が、どのような場面で使われているのかというところに注目して観てください。

29

# 『僕らのミライへ逆回転』
## BE KIND REWIND

映画愛に溢れるレンタルビデオ店員

　職業：レンタルビデオの店員。潰れかけたレンタルビデオ店の店員の友人が電磁波を浴び、店の全てのビデオテープの中身が消えてしまうというコミカルな設定ですが、映画愛、コミュニティとしての理想的なあり方がラストシーンに集約されていて、涙なしには観られないコメディ界の『ニュー・シネマ・パラダイス』です。

　消えてしまった映画を自分たちでリメイクしたところ、予想外にヒット。お店が話題になり、著作権法違反だと訴えられてしまう。映画的な笑いもあり、リアルな権利問題、立ち退きが迫られているお店の切実な思い、愛した場所がなくなってしまう寂しさなどが重なり、最後の上映会へ繋がっていく。みんなで一本の映画を共有することの素晴らしさが、観ている人の心にわかりやすく沁みていくのは、監督したミシェル・ゴンドリーの映画愛から。温かな気持ちで、観て良かったなと思えるはずです。

監督：ミシェル・ゴンドリー｜出演：ジャック・ブラック、モス・デフ、ダニー・グローヴァー｜2008年｜アメリカ｜101分

『空気人形』『わが愛しのブロックバスター』
レンタルビデオ店が登場する作品。これからより、レンタルビデオ店のあった時代の記録映像としての価値がより高まる気がします。店員と客とのコミュニケーションから新しい世界を知る、貴重な場所でした。

自分で新しい職業を作ってみよう

　職業：レンタル猫屋。寂しい人たちに猫を貸し出す、実際には存在しない「レンタネコ」を始める主人公サヨコ。世の中に既にある職業から自分に合う仕事を探しがちですが、自分でも生み出せるということを、こんなにもゆるく教えてくれる映画は『かもめ食堂』の荻上直子監督ならでは。

　市川実日子が演じるサヨコはたくさんの猫と暮らし、子どもの頃から猫に好かれるという特性を活かして、心寂しい人と猫を引き合わせていくのがおもしろい。しかもそれが副業というのも、自由で今っぽいです。自分がやりたいからやる、それが誰かの救いにもなっている。そういう仕事の見つけ方もあると思うし、自分ならどんな職業がいいか、考えるきっかけにもなると思います。これくらいゆるいマインドで仕事をしている人も映画の中にはいる。好きなものがあるなら一度やってみる、そんな勇気を与えてくれるかもしれません。

監督・脚本：荻上直子｜出演：市川実日子、草村礼子、光石研｜2011年｜日本｜110分

『こねこ』『gifted／ギフテッド』
猫好き必見の猫映画。冬のロシアを舞台に、自分の家に帰るまでの子猫を主人公にしたロードムービー『こねこ』と、主人公の天才少女の相棒的な存在である、片目の猫が印象的な『ギフテッド』。

30

『レンタネコ』
RENT-A-CAT

華やかな世界を支える仕事に光を当てる

　職業：キュレーター。「ヴォーグ」の編集長アナ・ウィンター主催の、ファッション界最大のイベント「メットガラ」。その狂乱の舞台裏に密着したドキュメンタリーです。ここでは、企画展示を担当したキュレーターのアンドリュー・ボルトンに注目。この年のテーマが、監修にウォン・カーウァイ監督を迎えた「鏡の中の中国」。イメージを形にする大変な作業のなか、ボルトンの情熱や仕事に向きあう真摯な姿勢、行動力がちゃんと記録されています。最大値まで自分の仕事を頑張る姿は、観ていて心を動かされるはず。キュレーターという仕事のかっこよさを知ることができ、自分の仕事をもっと頑張ろうと思わせてくれます。

　この映画の監督も途中から、ボルトンに心が動いているとわかり、熱量がカメラを通して伝わってきます。メットガラに興味がなくても、仕事映画として秀逸。建築やファッションが好きな人に観てほしいです。

監督・撮影：アンドリュー・ロッシ｜出演：アナ・ウィンター、アンドリュー・ボルトン、ジョン・ガリアーノ｜2016年｜アメリカ｜91分

『プラダを着た悪魔』『花様年華』
この映画に登場する2人と関連する2作。アナ・ウィンターをモデルにした『プラダを着た悪魔』と、ウォン・カーウァイ監督作品『花様年華』。この2本を観るとメットガラの世界への理解がより深まります。

31

『メットガラ　ドレスをまとった美術館』
THE FIRST MONDAY IN MAY

## 人を幸せにする料理人という仕事

　職業：料理人。南極観測隊員の西村淳の
エッセイを映画化。南極基地で料理をする
男性が主人公です。南極という過酷な場所
で働く人たちが、どう暮らしているか、ど
んなごはんを食べているか、日常だけど僕
らから見たら非日常の光景をほっこり楽し
く描いてくれる、ヒューマンドラマです。
　氷点下54度で外出も難しく、長い期間み
んなで一緒に過ごさなくてはいけない状況
では、日常を支えてくれる食事が大事。今
日は何を食べられるか楽しみにして、同じ
テーブルを囲んでおいしいねと言い合う。
それだけで心のバランスが取れて、人間は
こんなに幸せな気持ちになれるんだと教え
てくれる映画です。ブリの照り焼きや豚の
角煮、豚汁とおにぎり、カレー、ステーキ、
ラーメン、そして伊勢海老のフライ……お
いしそうなごはんがたくさん出てきます。お
腹が空いてしまうので、何か食べながら観
るのもおすすめです。

監督：沖田修一｜出演：堺雅人、生瀬勝久、きた
ろう｜2009年｜日本｜125分

『南極物語』『遊星からの物体X』
南極を描いた、タイプの違う2作。1983年製作
の日本映画『南極物語』はテレビ局が全面タイア
ップして、実際に南極で作られた作品。『遊星から
の物体X』は『南極料理人』と同じ設定で、ホラ
ー、スリラーに振り切っています。

32

『南極料理人』
THE CHEF OF SOUTH POLAR

33

『シェフ　三ツ星フードトラック始めました』
CHEF

CUBAN
AUSTIM M
BBQ BRIS
YUCA FRIES
BEIGNETS

## キューバサンドイッチに夢中

　味覚。『アイアンマン』シリーズのジョン・ファブローが、監督、脚本、主演を務めた作品。一流レストランの元総料理長が、移動販売で再起をかける物語。物語の主軸に食べ物が入っているからこそ、何を出すのかが大事なポイント。この映画の主役は、観た人全員が食べたくなるキューバサンドイッチです。調理する音や食べている風景、匂いがしそうな映像がきちんと撮られているのが、この映画の魅力。料理の監修者がレッスンをしている様子が、エンドロールで出てくるくらい、監督自身がこだわったことがわかります。

　自分主導で料理していた料理長の頃とは違い、みんなでフードトラックで旅しながら各地の人に料理を届けていく。カラッとしたラテンの楽しいノリで、人生がどん底の人が再生する前向きな内容に共感できるし、旅している気分にもなれる。夢のような世界観を体験できる、特別な一本です。

監督・脚本・プロデューサー：ジョン・ファブロー｜出演：ジョン・ファブロー、ソフィア・ベルガラ、ジョン・レグイザモ｜2014年｜アメリカ｜115分

『プリシラ』『パリ、テキサス』
ロードムービー。3人のドラァグクイーンが、ショーに出演するためにバスで旅する『プリシラ』はコメディ要素のある作品。『パリ、テキサス』は、高校生くらいで出合ってほしいです。

34

# 『サウンド・オブ・メタル〜聞こえるということ〜』
## SOUND OF METAL

## 耳が聴こえない、特別な音の体験

聴覚。アメリカ各地を巡るツアー中に、突然耳が聞こえなくなったバンドのドラマー、ルーベンに密着したドラマ。すごいのは観客にも主人公と同じく、音が聞こえない体験を促したこと。微かに聞こえるよう緻密に音を作り、体験型の映画として、サウンドデザインしたのが革新的です。耳が聞こえなくなるというのはどういう状況か想像するしかないところを、擬似体験することで、聴覚を失ったミュージシャンの辛い心情、物語に対する没入感を深めていく作りになっています。

サウンドデザインは、『メッセージ』や『ゼロ・グラビティ』も担当したニコラス・ベッカー。ドゥニ・ヴィルヌーヴやアルフォンソ・キュアロンなど、耳のいい監督の信頼を得ている彼をはじめ、超一流のスタッフを使っているところからも、作り手の本気度がわかります。ぜひヘッドホンを使って観て、その思いを共有して。

監督：ダリウス・マーダー｜出演：リズ・アーメッド、オリヴィア・クック、ポール・レイシー｜2019年｜アメリカ｜120分

『コーダ あいのうた』『ケイコ 目を澄ませて』
耳の聞こえない人たちの物語。『サウンド・オブ・メタル』とは対照的にライトな感覚で観られる『コーダ』と、実話をベースにしたドキュメンタリーに近い『ケイコ 目を澄ませて』。表現の幅のある3本。

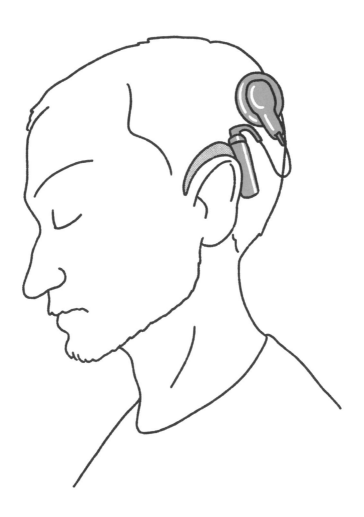

## 35

# 『クロニクル』
### CHRONICLE

### 主人公の目線で映画に没入する

視覚。映画の前半は主観映像で、POVという手法で一人称の視点で撮られているのが特徴。途中からその視点は変わっていくのですが、主人公の目線で、映画の中に入り込んでいるような没入感を楽しめます。

3人の高校生が退屈な日常生活を送るなか、あることをきっかけに特殊な能力に目覚めます。はじめは手を動かすだけで女子のスカートをめくったり、雲の上まで飛んだり、無邪気な遊びに夢中になりますが、あるとき車の事故を起こしてしまい、3人のバランスが壊れていくという物語がいい。青春ドラマでもあり、少しSF映画風でもあり、ドキュメンタリー風でもある、ほかにはあまりないタイプの映画。スーパーヒーローの映画にも繋がりますが、日常的に特殊な能力を使っているところから、思わぬ方向に展開していくのが素晴らしい。個人的に、もっと評価されてもいい作品だなと思います。

監督：ジョシュ・トランク｜出演：デイン・デハーン、アレックス・ラッセル、マイケル・B・ジョーダン｜2012年｜アメリカ｜84分

『キャリー』『AKIRA』
監督のジョシュ・トランクが、この映画を作るにあたって影響を受けたと語っている映画2作。どの場面が『キャリー』で『AKIRA』なのか、観ればなるほどと思えるので、『クロニクル』の後に観てほしい。

チョコレートの香りがしてくる映像

嗅覚。児童文学『チョコレート工場の秘密』を映画化。ジョニー・デップが演じる、怪しいチョコレート工場長ウィリー・ウォンカが、5人の子どもたちを工場に招待する物語。実際にアメリカの映画館では、"チョコレートの滝"を見学しているシーンで、アロマトリックスというチョコレートの香りが劇場を包む演出で上映されていたほど、チョコレートがキーアイテムになる、ティム・バートン監督の作品です。

映画自体がアトラクションを体験しているような世界観の作りなので、匂いが入ってくることで、よりワクワク感が強くなり、没入することができると思います。ぜひチョコレートを食べながら観てほしい。また、同じ原作で1971年に公開された『夢のチョコレート工場』では、CGがない時代のアナログ感を楽しむことができます。クセのあるウィリー・ウォンカを観比べてみるのも楽しいです。

監督：ティム・バートン｜出演：ジョニー・デップ、フレディ・ハイモア｜2005年｜アメリカ｜115分

『ジャイアント・ピーチ』『ファンタスティック Mr.FOX』
原作者、ロアルド・ダールの作品。どちらもストップモーションアニメ。アニメで描いた方が表現しやすい世界観なので、あえて実写で挑戦した『チャーリーとチョコレート工場』との違いを観比べて。

36

『チャーリーとチョコレート工場』
CHARLIE AND THE CHOCOLATE FACTORY

# 37

## 『キートンのセブン・チャンス』

### SEVEN CHANCES

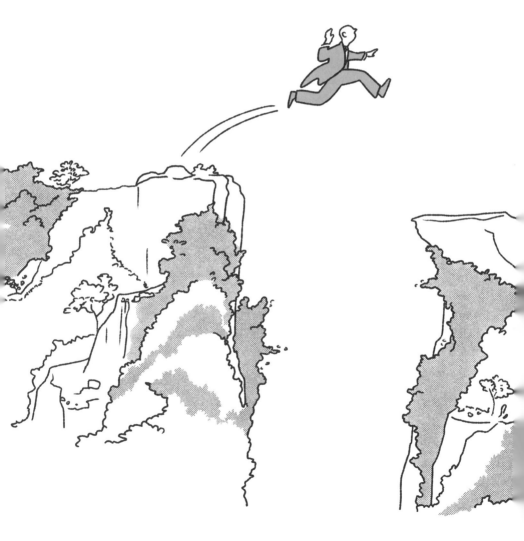

体を張った笑いに子どもも夢中

　サイレント映画の名作。主演、監督を務めた喜劇王、バスター・キートンの映画の中で、アクションとコメディを最も極めた作品です。特に後半20分のアクションシーンは、キートンがスタントを使わずに崖から転げ落ち、あっと驚くようなアクションが続きます。観ている方はハラハラドキドキしますが、演じているキートン自身はずっと無表情で、"ストーンフェイス"というあだ名が付けられたほど。そのギャップがおもしろいです。

　上映会でアクションシーンだけを観せると、想像を遥かに超え、子どもたちのテンションがどんどん上がって笑いで一体感が生まれます。子どもにモノクロ映画は難しいと思いがちですが、体を張った笑いは時代を超えます。字が読めない小さな子も大人も一緒になって興奮できることを体験してほしいです。ただし、絶対に真似はしないでくださいね。

監督・出演：バスター・キートン｜1925年｜アメリカ｜56分

『プロジェクト・イーグル』
『ミッション：インポッシブル』
スタントを使わずにアクションをするキートンに影響を受けた2人の代表作。『セブン・チャンス』へのオマージュシーンがあるジャッキー・チェンの『プロジェクト・イーグル』と、現代で同じような理念でアクションを続けているトム・クルーズの『ミッション：インポッシブル』。

初めてのチャップリン体験に

　チャールズ・チャップリンが監督、脚本、製作、主演を務めた1928年の作品。チャップリンが演じる放浪者が、サーカス団と出合い、そこで巻き起こす騒動をおもしろおかしく描きつつ、少し切ない恋も入ってきます。体を使ったギャグやパントマイムが楽しめるのは、前半のサーカス団に紛れ込んで巻き起こす、大騒動のシーン。どの作品にも共通しますが、チャップリンが自らアクロバティックなシーンを演じていま

す。その身体能力も含め、見事な芸が堪能できて、上映会で子どもたちに観せると、必ず笑いの渦が巻き起こります。

　チャップリンの作品はヒトラーの独裁政治を批判した『独裁者』など、メッセージ性が強いのが特徴ですが、こちらは笑いに振りきっているので、単純にコメディとしての観やすさがあります。子どもたちがチャップリンに出合うなら、ぜひこの作品を入り口にしてほしいです。

監督・脚本・製作・出演：チャールズ・チャップリン｜1928年｜アメリカ｜72分

『グレイテスト・ショーマン』『パンダコパンダ　雨ふりサーカス』
サーカスの風景は、スケール感があるので映画的。劇中にサーカスが登場する2本。少しオールドスタイルのサーカスの風景が観られるのも、映画のいいところ。時代も表現も全く違う3本を観比べてみて。

38

『サーカス』
THE CIRCUS

39

# 『ロイドの要心無用』

## SAFETY LAST!

### 時計台にぶら下がる名シーンを見よ

サイレント映画の三大喜劇王の一人、ハロルド・ロイドは、都会的で好青年だけどちょっとドジ。わかりやすく感情を表現するので、親近感がわきます。映画史を語るときに必ず出てくる、大きい時計にぶら下がる名シーンがこの映画です。

故郷に婚約者を残して、都会のデパートに就職したものの、実は仕事を解雇されていたロイドが、汚名返上のため、壁登りが得意な友人の代わりに高層ビルの壁を登る

ことに。後半20分ほどのビルのシーンは何度も落ちそうになったり、修羅場が次から次へと起こる、ハラハラドキドキする展開。笑いのたたみかけ方がとにかく上手い。そして観客が前のめりになった直後に、時計にぶら下がる羽目になるからインパクトが強いし、絵としてもキャッチーです。ビルの屋上にセットを組み、目の錯覚を使ってトリック撮影したというのも、この時代ならではのアイデアです。

監督：フレッド・C・ニューメイヤー、サム・テイラー｜出演：ハロルド・ロイド｜1923年｜アメリカ｜73分

『プロジェクトA』『バック・トゥ・ザ・フューチャー』
時計台のシーンがどれだけ現代の映画に影響を与えているかがよくわかる作品。ほかにマーティン・スコセッシ監督の『ヒューゴの不思議な発明』など、2本では収まらないくらい、後の名作に繋がっています。

## 100年以上前のファンタジー映画

　1915年に作られた、モノクロの中編作品。原作の挿絵を描いたジョン・テニエルの世界観が、一番忠実に再現されている映画といわれているので、原作の絵が好きな人は、ぜひ観てほしい。白うさぎや眠りねずみ、チェシャ猫などのキャラクターが全て着ぐるみで表現されているから、ちょっと不気味な世界観ですが、それこそがアリスだなと思います。

　セットではなく、野外ロケで撮影されているシーンが多いから、映像が新鮮。というのも、この時代は基本的にセットで撮影されているので、草むらや空がリアルに映るなかで、着ぐるみが演じるというのはほかにはないもの。アニメという概念がないなか、ファンタジー映画を作るのはどういう感覚だったのかと考えたり、100年以上前という時間の隔たりに、不思議な夢を見ているような感覚にも陥ります。絵本の世界から飛び出したような、特別な作品です。

監督：W・W・ヤング｜出演：ヴィオラ・サボイ、ウィリアム・ティルデン｜1915年｜アメリカ｜52分

1903年版『不思議の国のアリス』、ヤン・シュヴァンクマイエルの『アリス』
作り手のイマジネーションを刺激し、多くの映画が作られているアリス。1903年版が作られたのは、映画が誕生してからわずか数年。原作をどう解釈し、どこを切り取るかによって作り手の思いが見えます。

# 40

## 『不思議の国のアリス』

ALICE IN WONDERLAND

41

『サウンド・オブ・ミュージック』
THE SOUND OF MUSIC

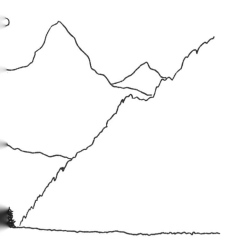

口ずさみたくなる名曲のオンパレード

　ブロードウェイミュージカルを『ウエスト・サイド物語』のロバート・ワイズ監督が映画化。この作品の最初の見どころは、オーストリアの雄大な大自然。アルプスの上空から俯瞰した撮影で、家庭教師のマリアが手を広げて歌うオープニングから、一気にあの世界に気持ちよく引き込まれます。2時間54分と長い映画なので第一部と第二部に分かれ、第二部では次第に戦争の影が忍び寄りますが、そこに至るまでの第一部で、マリアが子どもたちとの交流を歌で表現していくのが、何とも幸せな光景。楽しく歌って踊っているだけで、こんなに泣けるんだと自分でも驚いたほどです。

　「ドレミの歌」や「私のお気に入り」「エーデルワイス」など、誰もが知っている歌が劇中歌に。これだけ個々の曲も独立して認められているミュージカルはほかにはなく、映画というメディアの力を感じます。

監督・製作：ロバート・ワイズ｜出演：ジュリー・アンドリュース、クリストファー・プラマー｜1965年｜アメリカ｜174分

『アラビアのロレンス』『2001年宇宙の旅』
『サウンド・オブ・ミュージック』と同じく、通常より幅の広い、70mmフィルムで撮られたシネラマ方式の作品。いずれも迫力のある映画体験がお楽しみいただけます。

## 多様性の明るい表現にも注目

　ブロードウェイの大ヒットミュージカルの映画版。でも実はその前の、1988年にジョン・ウォーターズ監督が発表したものが『ヘアスプレー』のオリジナル版。今回紹介するのは2007年版ですが、この作品を入り口にオリジナルも観てほしいです。

　ジョン・ウォーターズの出身地、ボルチモアを舞台に、当時の人気テレビ番組へ出演することに憧れる、ちょっと太めの女子高生トレーシーが主人公。体型や人種問題など、今でいう多様性を表現しつつ、それを吹き飛ばすくらい、とても楽しくて最高にハッピーになれる映画です。ダイナーやポップでカラフルなファッションなど、60年代のアメリカの世界観にもこだわって作られているので、映画の内容や歌、ダンス以外の部分にも注目。また、トレーシーのお母さんをジョン・トラボルタが演じて、多様性を表現している点にも注目。ピザとコーラを片手に楽しんでほしいです。

監督・製作総指揮・振付：アダム・シャンクマン｜出演：ジョン・トラボルタ、ニッキー・ブロンスキー｜2007年｜アメリカ｜117分

『サタデー・ナイト・フィーバー』
『グリース』
この映画で印象的なジョン・トラボルタのダンス映画。この2本で、ダンスに長けた新しいスターの誕生というイメージを確立。母親役はそんなトラボルタへのリスペクトが伝わってきます。

42

『 ヘアスプレー 』

HAIRSPRAY

　1950年代ミュージカル映画の傑作。サイレントからトーキーに変わる転換期を舞台に、ジーン・ケリーがハリウッドの人気スターを演じます。当時、フレッド・アステアというスマートで洗練されたダンサーがいましたが、ジーン・ケリーは身体能力が高く、躍動感のあるダンスが特徴。そんな彼の魅力が詰まった一作です。

　この映画で、誰もが思い描く名シーンといえば、土砂降りの中で歌い踊る「Singin' in the Rain」。ダンスも素晴らしいですが、ネガティブに捉えられがちな雨を、あれだけ楽しそうに、心が晴れやかになるような形で表現したことに意味があります。僕が野外で上映した際、途中で実際に雨が降ってきたことがありましたが、このシーンでは大歓声が起こり、世界初の『雨に唄えば』の4D上映に。雨の価値を変えてくれるくらいの力が、この映画にはある。必ず雨の日に、雨音をBGMに観てほしいです。

監督：ジーン・ケリー、スタンリー・ドーネン｜出演：ジーン・ケリー、ドナルド・オコナー｜1952年｜アメリカ｜103分

『アーティスト』『バビロン』
『雨に唄えば』と同じく、サイレントからトーキーに変わる転換期を描いた2作。静かなトーンの『アーティスト』と、カオスな世界観を描いた『バビロン』。同じ時代の異なる描き方を楽しんで。

43

『雨に唄えば』
SINGIN' IN THE RAIN

エネルギッシュな讃美歌の歌声

　長い間愛され、世代を超えて楽しめるエンターテイメント映画。ミュージカルとしての魅力もありますが、コメディや主人公の成長物語など、いろいろな側面に触れながら楽しめます。主人公の、尼僧として修道院に身を隠すことになったクラブ歌手デロリスを演じるのが、ウーピー・ゴールドバーグ。当時のエネルギッシュな姿やパワフルな歌声、ユーモアなど、圧倒的なパワーがあってこそ成立している作品です。

　デロリスが聖歌隊のリーダーに任命され、讃美歌にソウルやロックを取り入れて歌うおもしろさ。ゴスペル音楽が浸透する大きなきっかけにもなったと思います。またある程度の年齢の女性が、前向きに生きている姿を描いた作品が少なかった時代に、これだけの規模感で作品にしたのは立派。続編も作られ、2011年にはブロードウェイで上演されるなど、大ヒットしました。シスターフッド的な要素も楽しめます。

監督：エミール・アルドリーノ｜出演：ウーピー・ゴールドバーグ、マギー・スミス｜1992年｜アメリカ｜100分

『アメイジング・グレイス / アレサ・フランクリン』『悲しみは空の彼方に』
ゴスペルに興味を持った人に、次に観てもらいたい映画。ソウルの女王アレサ・フランクリンの1972年のライブ映像と、ゴスペルを歌うシーンが印象的なダグラス・サーク監督の『悲しみは空の彼方に』。

44

『天使にラブ・ソングを...』
SISTER ACT

45

# 『打ち上げ花火、下から見るか？ 横から見るか？』

FIREWORKS, SHOULD WE SEE IT FROM THE SIDE OR THE BOTTOM?

## 甘酸っぱいひと夏の思い出

岩井俊二監督がTVドラマ用に制作し、その後劇場公開された、45分の中編作品。小学校6年生の子どもたちが主人公の、初恋という瑞々しさを表現した名作です。岩井俊二らしい映像の中で、花火やプールといった夏休みの空気感を描きながら、心の奥に眠っている初恋の思い出が物語とともに甦ってくるように、繊細に作られています。上手いのは、花火大会という設定。夏休み、花火大会といった親公認で夜遊びができる特別な日を初恋と絡めているところが、ドキドキ感を煽ってくれます。

日常と映画の世界がシンクロするような体験ができると思うので、できれば夏の夕方に、小学生の間に観てほしい。アニメ版は主人公たちが中学生と設定が変わっているので、こちらの実写版を観るのがおすすめ。甘酸っぱい夏の思い出の一つとして、映画の世界観も深く心に残ってくれたらと思います。

監督：岩井俊二｜出演：山崎裕太、奥菜恵｜1993年｜日本｜45分

『アメリカン・スリープオーバー』『天然コケッコー』
夏の空気が感じられる2本。『アメリカン・スリープオーバー』は夏の夜の空気が全体から感じられる作品。そして、夏でもあり、初恋も描かれている『天然コケッコー』。ともに夏休みに観てほしい映画です。

大人はわかってくれない

　1972年のアメリカの田舎町が舞台。11歳の少女ヴェーダと少年トーマスの、ちょっとセンチメンタルな初恋映画。トーマスを演じるマコーレー・カルキンの、とにかくかわいい姿を堪能できます。多感なヴェーダが父の恋路を邪魔したり、ヴェーダは先生、トーマスはヴェーダにそれぞれ恋心を抱いていたり、どこかもの悲しさを感じる物語がこの時代らしい作品です。

　「なんで人は人を愛するの？」「どうして大人は結婚するの？」といった、子どもらしいまっすぐな台詞も、この映画のいいところ。前半に出てくるアイスクリームの詩もかわいいし、ラストシーンでヴェーダが読む詩の内容にも注目してほしい。大人にはわからない悩みや世界が子どもにはある、ということにフォーカスした映画です。お父さんやお母さんが、なかなか自分を理解してくれないと感じている子どもたちに、親と一緒に観てもらいたいです。

監督：ハワード・ジーフ｜出演：アンナ・クラムスキー、マコーレー・カルキン｜1991年｜アメリカ｜102分

『ホーム・アローン』『危険な遊び』
かわいくて演技が上手い、『ホーム・アローン』で世界的スターとなった役者、マコーレー・カルキンを改めて知る2作。こういうキャリアを持つ俳優は若くして亡くなることが多いなか健在。貴重な存在です。

46

『マイ・ガール』
MY GIRL

47

『ムーンライズ・キングダム』
MOONRISE KINGDOM

### ちょっぴりおませな二人の恋愛

　1960年代のニューイングランド島を舞台に12歳の少年と少女が駆け落ちする。ウェス・アンダーソン監督が初恋を描いた、絵本のようなかわいらしい作品。頼りないボーイスカウトの隊長や、不倫をしている警官、冷酷な福祉局員など、変わり者の大人に囲まれているからこそ、真ん中にいる子ども2人のまっすぐな思いだけが正しく、ストレートに伝わってきます。

　2人のコミュニケーションの取り方が、読んでいる本の話をしたり、浜辺でへっぽこダンスを踊ったりと、ちょっとおませで愛らしい。また大人からいくら逃げてもなかなか脱出することができない、島を舞台にしている点が上手いし、海や入江など、映像的に気持ちがいい風景も魅力です。独特の構図やカメラワークなどの、ウェスらしさは変わらず、感情的にも揺さぶられる、比較的観やすい作品。観た後に友達と語り合いたくなります。

監督・脚本・プロデューサー：ウェス・アンダーソン｜出演：ジャレッド・ギルマン、カーラ・ヘイワード｜2012年｜アメリカ｜94分

『冒険者たち』
『キャスト・アウェイ』
アラン・ドロンの『冒険者たち』とトム・ハンクスの『キャスト・アウェイ』は島を舞台にした作品。大きな空と海の広大な景色が観られる一方、逃げられない状況とのコントラストがおもしろい。

# 48

# 『小さな恋のメロディ』
## MELODY

### ピュアな主人公たちにキュンとする

　11歳のダニエルとメロディの、ピュアな恋を描いた、初恋映画の名作。お互いに初めての恋という経験を共有しながら、言葉を介してなんとか理解しようとするところを丁寧に描いています。「愛し続けるなんて無理」というメロディに、「もう1週間も愛してるよ」と返すダニエル。愛するということを覚えた2人は、「好きな人と一緒にいたいから結婚したい」と、とても本質的なことを言葉にしていて、観る人の心の奥に

あるピュアな部分を刺激してくれます。
　ラストのあまりにも有名なトロッコのシーンは、一度観たら忘れられないはず。好きな子がいる人が観たら、きっと行動を起こしたくなると思います。また、2人の気持ちを表現してくれるような、ビー・ジーズによる主題歌「メロディ・フェア」や、ギンガムチェックの制服などのファッションといった見どころがたくさん。心をほぐしてくれるような作品です。

監督：ワリス・フセイン｜出演：マーク・レスター、トレイシー・ハイド｜1971年｜イギリス｜106分

『さらば青春の光』『フォロー・ミー』
『小さな恋のメロディ』と同じ、1960〜70年代のイギリスの風景を観ることができる、素敵な作品。フィルムで撮った少し影のあるような映像で、当時のイギリスの空気感を感じることができます。

## 映画パンフレット、
## という文化

そもそも映画パンフレットは"日本独自の文化だ"ということを、みなさんご存じでしょうか？

世界中を見渡しても、アメリカやフランス、韓国にだって存在しない、日本だけの貴重な文化遺産です。でも、その事実を知る人はごく僅か。過去30年、映画館で鑑賞した際には必ずパンフレットを買う僕でさえ、長らく聞いたことがありませんでした。そこに小さな危機感を覚え、2022年から"映画パンフレット愛好家"という肩書きを付け、番組出演や執筆活動をスタートさせています。

その活動の中で知り合った外国の方から掛けられた嬉しい言葉。

「あなたたちの国では、鑑賞後にパンフレ

### 私のパンフレットコレクション

『ザ・ロイヤル・テネンバウムズ』
デザイン：フィッシュデザイン

ウェス・アンダーソンが世界的な注目を集めるきっかけとなった一作。ピンクの布張りに金の箔押し。内容も超充実の名パンフ。

『TITANE/チタン』
デザイン：大島依提亜

キレイに折るという概念をひっくり返した"いいかげん折"を採用。最もぶっ飛んだパルム・ドール受賞作にふさわしい型破りな一冊。

ットを読み、考えを深めることができる。デザインもアートブックのように美しいし、ワンダフルなカルチャーです。自分の国にもほしい！」

やっぱり、世界に誇れる映画文化のようなのです。

映画は、あらゆる要素が混然一体となった総合芸術。自分の感覚だけで楽しむには、そもそも豊かすぎるのです。その手助けとしてパンフレットがある、と僕は思っています。評論。対談。インタビュー。観賞後の余韻の中で、さまざまな情報をインプットし、多面的に作品を検証できます。すると、その感動は何倍にも広がっていきます。

僕の体験で印象深かったのは、エミール・

クストリッツァ監督の名作『アンダーグラウンド』。伝説のミニシアター「シネマライズ」が作ったパンフレットの中には、作品情報にとどまらず、旧ユーゴスラビアの歴史をまとめたエッセイや、ジプシーブラスバンドを中心としたユーゴスラビアの民族音楽について、映画評論家・淀川長治はシャガールの絵画やフェデリコ・フェリーニ監督との比較の中で“グロテスクな美術”を考察するという充実した内容。これは本当に勉強になりました。

そんな映画パンフレットは、現在、個性的なグラフィックデザイナーによって、新たな黄金期を迎えているところです。

日本オリジナルの映画文化。絶やすことなく、みんなで盛り上げていきましょう。

『花束みたいな恋をした』
デザイン：石井勇一

主人公が使うスケッチブックを模したデザインに加え、鑑賞後に歓喜してしまう仕掛けもたくさん！2021年のベストパンフ。

『犬王』
デザイン：芥陽子

アニメ映画で必須なキャラクターの設定画や手書きの絵コンテが充実し、赤い糸綴じを使った装丁も素敵。初版は即完売。

49

# 『遠い空の向こうに』

## OCTOBER SKY

興味のきっかけはどこにでもある

　ホーマー・H・ヒッカム・Jr.の自伝を
映画化。ロケットを打ち上げるという、学
校では得られない大きな夢にかけた、若者
たちの挑戦を描いたヒューマンドラマです。
テレビでソ連の人工衛星スプートニクを目
にしたことをきっかけに、ホーマーはロケ
ットを手作りします。なかなか思い通りに
ならず、何度も作り直すうちに、人生の大
きな夢に繋がっていく。しかもそれが実話
だという説得力が、素晴らしいです。
　学校が全てではないとまっすぐに受けと
める素直な心と、好きなものに出合えた強
さ。ヒントはどこにでも転がっていて、そ
れをキャッチした人が、後にNASAのロケ
ットエンジニアになる。ただの夢追い人の
物語ではなく、父親をはじめとする周りの
人との関係も描いていて、彼を取り巻く環
境の中で学校の先生がキーに。夢を持った
とき、支えてくれる大人もいるということ
を、この映画を通して知ってほしいです。

監督：ジョー・ジョンストン｜出演：ジェイク・
ギレンホール、クリス・クーパー｜1999年｜ア
メリカ｜107分

『アポロ13』『ドリーム』
宇宙への夢を描いた作品。『アポロ13』はホーマ
ーが将来出合うであろう世界。『ドリーム』は
NASAを支えた計算手の女性たち。性別問わず、
宇宙への夢を見ることができると思わされます。

## 好きなことにとことん打ちこもう

時代劇オタクの女子高生ハダシが映画製作に挑む姿を、なぜかSF要素を織り交ぜながら描いた青春ストーリー。彼女たちは学校の部室で映画の編集をしていますが、学校の外にも隠れ家があり、そこを自分たちの趣味の世界にしています。大好きな時代劇や古い映画のポスターで埋め尽くされた空間で、楽しそうに映画の話をしている姿がすごくいい。学校では周りの目がありますが、隠れ家では気にせず、友達と趣味を共有できる。この積み重ねがあるから、前向きに好きなものを好きと言えて、映画を作れるのではないかと思います。

誰も否定することのない、大きな愛に包まれたやさしさがあり、作り手の志を感じます。また、青春を突っ走るようなさわやかさもある。それを映像で上手く表現できているし、出ている役者たちもみんなフレッシュ。好きなことを熱く語っていいんだなと、パワーをもらえるような作品です。

監督：松本壮史｜出演：伊藤万理華、金子大地｜2020年｜日本｜97分

『桐島、部活やめるってよ』『ハッピーエンディングス』
映画作りに夢中になる高校生を描いた作品。名作『桐島、部活やめるってよ』と、脚本がなく、即興劇で作られたオムニバス映画『ハッピーエンディングス』。スターの卵のショーケースとしてもおもしろい。

## 50

『サマーフィルムにのって』
IT'S A SUMMER FILM!

51

『ブックスマート　卒業前夜のパーティーデビュー』
BOOKSMART

勉強も遊びも。学生時代を謳歌して

卒業間近のエイミーと親友モリーが、高校最後の夜に繰り広げる騒動を描いた青春映画。成績優秀で優等生であることを誇っていたのに、遊んでばかりだった同級生がハイレベルな進路を歩むことを知り、自信を失う2人。学生は学業を頑張って結果を出せば幸せかと思いきや、心から何かを楽しんだり、同級生と一緒に過ごす今だけの時間、学校の外にもいろいろな楽しみがあることを広く教えてくれます。

学園映画ではスクールカーストがよく描かれますが、この作品では人種やジェンダーも含め、いろいろなタイプの人たちが当たり前のように平等に学校生活を送っているのが独特です。学園コメディというフレームがあるからこそ新鮮に感じるし、これが自然な姿だと感じられるところがいい。伸び伸びと生きていて、あのときは楽しかったと思えるような切なさも描かれているので、学生が観てもおもしろいと思います。

監督：オリヴィア・ワイルド｜出演：ケイトリン・デヴァー、ビーニー・フェルドスタイン｜2019年｜アメリカ｜102分

『スーパーバッド　童貞ウォーズ』『プロジェクトX』
ティーンの男性たちの世界を描いた作品。『ブックスマート』の兄弟的な映画『スーパーバッド』と、バカ丸出しの高校生男子を描いた『プロジェクトX』。近年のアメリカの青春映画では傑作の2本です。

学校に行かなくても学ぶことができる

　ヴィゴ・モーテンセンが人家族の父親を演じ、森で暮らすことを選んだ家族が旅に出たことで起こる騒動を描いたロードムービー。父親の教育方針により、子どもたちは学校に行かず、父親から教育を受けて一人で生きていける力を身につけ、子どもたちは皆、6ヶ国語を話せたり、知識もちゃんとある。日本には義務教育がある以上、学校に行かなくてはいけませんが、アメリカの教育の方針は日本よりも自由で、いろいろな考え方があっていいのではないかというのが、物語のペースになっています。でもこの家族が、現代社会で生きていくとどうなるのかが映画後半の見どころになっていくので、自分と照らし合わせて家族観や教育のことまで考えが広がる一本です。

　家族がケーキを囲む日がクリスマスではなく哲学者の誕生日だったり、焚き火を囲んで読む本が絵本ではなく「カラマーゾフの兄弟」だったり。それでも俯瞰してみると、普通の幸せそうな家族に見えるところもおもしろいです。

監督・脚本：マット・ロス｜出演：ヴィゴ・モーテンセン、ジョージ・マッケイ｜2016年｜アメリカ｜119分

『蜂蜜』『山の焚火』
トルコの森の『蜂蜜』とスイスの雄大な空の下の『山の焚火』、どちらも大自然で暮らす家族を描いた作品。『はじまりへの旅』より人物にフォーカスしている作品なので、より人々の心情を観ることができます。

52

『はじまりへの旅』
CAPTAIN FANTASTIC

53

# ファットボーイ・スリム
# 「Weapon Of Choice」

MV

## 無表情で踊り続けるおもしろさ

　2000年に製作されたイギリスのミュージシャン、ファットボーイ・スリムのMVで、スパイク・ジョーンズ監督の代表作の一つ。ストーリーはなく、クリストファー・ウォーケンが演じるくたびれたビジネスマンが、ホテルのロビーで踊りまくる。さらに後半には、空まで飛んでしまうという飛躍も楽しい、コミカルな一作です。ホテルのいろいろな小物を使いながら、ロビーやエスカレーターで踊りますが、彼以外には

誰も出てこないというシチュエーションもおもしろいです。

　スパイク・ジョーンズらしいのはブロードウェイでの経験もある元ダンサー、ウォーケンを起用したところ。ただし、テーブルからジャンプして着地するなど、アクロバティックな場面は明らかに別の人が演じています。ごまかすのではなく、あえて髪の色まで違うままにして、ユーモアとして入れているところも、彼らしくて最高です。

監督：スパイク・ジョーンズ｜出演：クリストファー・ウォーケン｜2000年

『マルコヴィッチの穴』『her 世界でひとつの彼女』
このMVを撮った監督、スパイク・ジョーンズにフォーカス。映像を作り込むのではなく、アイデアが奇想天外でおもしろい。映画監督になってからもMVやスケボーの映像を撮ったりする身軽さもいい。

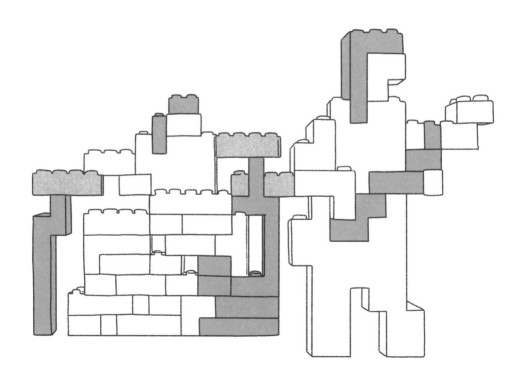

レゴを使ったアナログ表現に圧倒

ミシェル・ゴンドリーが監督した、アメリカのロックデュオ、ザ・ホワイト・ストライプスのMV。数千個のレゴブロックを使った、革新的なストップモーションミュージックビデオです。人間が手で動かしてこそ初めて得られる感覚を信じ、この世界観こそが自分の表現というのをわかりやすくぎゅっと詰めこんだ作品。これぞゴンドリーという、彼のアナログへの偏執的なこだわりを感じます。

実写の映画のように、ギターを弾いたり、ドラムを叩くのをレゴで表現する。その動きが本物のようで、表現力に驚いてしまいます。子どもたちが遊んだレゴも、クリエイティブとして形にできると知ってほしい（ちなみに冒頭に映る子どもは、ゴンドリーの息子）。真似ができそうな気がしてしまうのが、ゴンドリーのいいところ。同じ映像でも、物語が必要な映画との作り方の方法論の違いも感じてみてください。

監督：ミシェル・ゴンドリー | 2001年

『エターナル・サンシャイン』『恋愛睡眠のすすめ』
少年の心を持ち、時代を超えて共感できる作品作りをする、子どもにも勧めたいミシェル・ゴンドリー監督の2本。手を動かして表現するアナログなクリエイティブが、わかりやすく表現されている作品です。

54

ザ・ホワイト・ストライプス
「Fell in Love With a Girl」
MV

観るたびに発見がある、緻密な世界観

日本のDJ、高橋孝博のソロプロジェクト、HALFBY（ハーフビー）の2005年のMV。人型のグラフィックデザイン「チャッピー」などで、1990年から2000年まで、さまざまなデザインで世を沸かした、グラフィックデザイン集団「groovisions（グルーヴィジョンズ）」が手がけた、モーショングラフィックスのアニメーション。世界的にも注目を集めた一作です。

色使いやキャラクターの描き方が特徴的。

制作：groovisions｜2005年

ぱっと見はおしゃれな世界観ですが、描かれているのは、変な動きをする奇妙なおじさん。街を練り歩くうちに周りの人がどんどん巻き込まれ、最後にはわかりやすいオチもある。そのバランス感覚は、ほかのモーショングラフィックスの表現とは違います。おじさんの周辺の作り込みも細かく、よく観ると上司に説教されるサラリーマンや工事現場から落ちそうになっている人がいて、観るたびに新しい発見があります。

au未来研究所「5Gのある未来の暮らし」、日本フードシフト「カレーから日本を考える。」groovisionsが手がけたメッセージ広告を2つ。わかりやすいのはもちろん、若い人たちに興味を持ってもらうために、かっこいいビジュアルが大事。飽きずに観ることができるのもポイントです。

55

HALFBY
「RODEO MACHINE」

MV

# 56

## おとぎ話「COSMOS」
MV

エモーショナルな映像に心打たれる

　日本の4人組ロックバンド、おとぎ話による「COSMOS」のMV。監督は、映画監督としてデビューした山戸結希。俳優の趣里が銀座の歩行者天国でバレエを踊る、日本のMV史に残る一作。モノクロームで切り取った銀座の風景という、とてもシンプルな構成ですが、無許可で撮影されているので、その瞬間の銀座の記録にもなっている。その場で過ごす人たちが映り込んでいる感じは、まさにヌーヴェルヴァーグ的です。

　街の隅で泣いていた主人公が人混みに飛び出し、自分を解放するように軽やかにダンスをする。曲の盛り上がりと共にダンスも解放されていき、彼女自身が救われていく。彼女の動きに合わせたカメラワークもエモーショナルで素晴らしい。映像の質感や圧倒的な美しいパフォーマンス、それに負けないカメラワーク、テロップの入れ方など、何から何まで完璧な作品。このMVに救われる人が、きっといるはずです。

監督：山戸結希｜出演：趣里｜2015年

『おとぎ話みたい』『溺れるナイフ』
山戸結希監督の作品。「あなただけが私の田舎でした」など、文学的な言い回しが独特な、耳に残る台詞がたくさん出てくるのが楽しみの一つ。改めて台詞という視点で映画を考えるきっかけにも。

# 57

## 『インビクタス／負けざる者たち』
### INVICTUS

国の再生を描く奇跡のような物語

　クリント・イーストウッド監督による作品。南アフリカ共和国の初の黒人大統領ネルソン・マンデラと、同国のラグビーチームがW杯に向けて奮闘する様子を骨太に描いた人間ドラマです。アパルトヘイトによる人種差別や経済格差など、いろいろな問題があるなか、国をまとめるため、自国開催のラグビーW杯で優勝するしかないというのが、映画の題材としてももってこい。

　さらにいろいろな人種がミックスされた代表チームは、マンデラが思い描く国の未来の姿を象徴しているともいえます。チームがまとまれば、人種を超えて手を組んでいこうというメッセージにもなるし、結果が伴えば、元気のなかった国全体を再生させていける。事実は小説より奇なり。これが実話だという驚きもあるし、スポーツの世界大会という身近な題材なので、多くの子どもたちにも響くと思います。役者陣の熱演も見どころです。

監督：クリント・イーストウッド｜出演：モーガン・フリーマン、マット・デイモン｜2009年｜アメリカ｜134分

『ドライビング Miss デイジー』『ミリオンダラー・ベイビー』
マンデラを演じたモーガン・フリーマンという名優を知る2作。相手役を引き立てるのがすごく上手で、彼が出ることで映画に品格が生まれます。そこにいてくれるだけで安心できる、魅力のある俳優です。

## 58

# 『イエスマン "YES" は人生のパスワード』

YES MAN

### すべてに「イエス」と答えたら

BBCのラジオディレクターによる原作を映画化。基本的に「ノー」が口癖の男カールが、全て「イエス」と答えたらどうなるか。ちょっとした疑問を試した体験談がベースになっています。大人になるとアンテナに引っかからないものに対して「ノー」と言いがちですが、「イエス」を言い続けると何がどう変わっていくのか、映画が教えてくれるので、自分と照らし合わせて観られるのがいいところ。主人公を演じるジム・キャリーが、ポジティブなメッセージに笑いをプラスしてくれます。

心に染み入る台詞も多く、「世界は遊び場。子どもの頃はみんな知っていたのに、大人になる途中でみんな忘れちゃう」という台詞に象徴されるように、物事を肯定的に考えてみようと思うきっかけになったら、こんなに嬉しいことはありません。モヤモヤするとき、パッと明るい気分になりたいときにぜひ観てほしいです。

監督：ペイトン・リード | 出演：ジム・キャリー、ズーイー・デシャネル | 2008年 | アメリカ | 104分

『JUNO ジュノ』『ヒース・レジャーの恋のからさわぎ』

ジム・キャリーが歌う場面が素敵なので、ミュージカル以外の映画で主人公が歌う場面が印象的な映画2本。『JUNO』のラストの弾き語りと、キュンキュンする『恋のからさわぎ』のあの名シーン。

## 生きづらさを抱えた人に

　同性愛者を公表したアメリカ史上初めての政治家、ハーベイ・ミルクの半生を描いた伝記ドラマ。ファッションや音楽を通して、1970年代のサンフランシスコの空気感を感じられるのは、ガス・ヴァン・サントという個性的な監督の力が大きい。そのなかでミルクを演じたショーン・ペンは、本作でオスカーも受賞。脚本も素晴らしく、伝記映画の中でも名作の一本です。

　ミルクは社会的弱者の辛い状況を見て、変えていきたいと政治家になります。こういう志を持った人が政治家になる姿を見られるのも映画のいいところ。ミルクは悲しい最期を迎えますが、覚悟も引き受けた上で先頭に立ち、社会を変えていこうと思っていたはず。ろうそくを持つシーンが実際の映像に切り替わるところで、彼の影響はこの世界にいろいろな形で残っているという、希望がちゃんと描かれています。改めて無関心ではいけないと思わされます。

監督：ガス・ヴァン・サント｜出演：ショーン・ペン、ジョシュ・ブローリン｜2008年｜アメリカ｜128分

『ブロークバック・マウンテン』
『燃ゆる女の肖像』
同性愛の人たちを描いた名作2本。同性愛について考える機会になり、生きづらさを抱える人に思いを馳せるきっかけになってほしいなと思います。あなたは、あなたであればいい。

59

『ミルク』
MILK

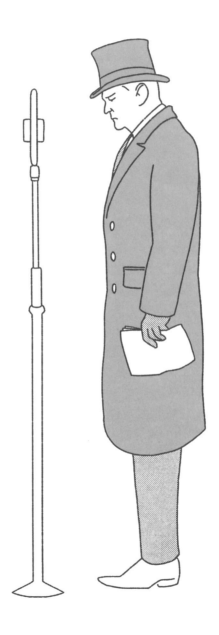

教科書では知ることができない史実

きつ音で悩む、内気な英国王ジョージ6世の伝記をコリン・ファース主演で映画化。世紀の一大スピーチの裏側にあったドラマという地味な題材ですが、アカデミー賞を総なめに。人の前に立つことが当たり前の人が、上手く話すことができない。こんなに辛い状況はないと思います。部活のキャプテンや学級委員など、身近な人に重ねられるような設定だからこそ、共感性が高い内容になっています。

教科書では知ることができない、映画ならではの設定。きつ音を抱える自分を否定して、英国王に向いていないと諦めるのは簡単。でもそこから前を向いて、自分なりの希望を見つけていこうとするところに、この映画の良さがあります。シリアスな方向にも持っていける設定ですが、コミカルでテンポも良く、イギリスらしいウィットに富んだユーモアもある。だけど真面目というのが、おもしろいバランスの映画です。

監督：トム・フーパー｜出演：コリン・ファース、ジェフリー・ラッシュ｜2010年｜イギリス、オーストラリア｜118分

『シングルマン』『キングスマン』
この作品を機に、世界的な俳優になったコリン・ファースの2作。隠せない品の良さに振りきった『シングルマン』と、品の良さを上手く使い、エンターテイメント映画に広げた『キングスマン』。

60

『英国王のスピーチ』
THE KING'S SPEECH

### ビーンが苦手な人にこそ観てほしい

　ローワン・アトキンソンが演じる人気キャラクター"Mr.ビーン"。本作は、ビーンにしかできない顔芸や体を張ったアクションを、上質なストーリーの中に取り込んでいるのが上手い。主人公たちと南仏・カンヌに向かって旅をしている気分になれるロードムービーですが、ビーンがしてはいけないことばかり選択して、笑いを生み出していく。ストーリーの中のエッセンスとして笑いをちりばめているので、ビーンが苦手な人にこそ観てほしいし、楽しんでもらえると思います。後半にかけて伏線を回収してくれる、よくできた脚本。僕自身ビーンの芸が苦手だったのですが、観逃さなくて本当に良かったと思えた作品です。

　かつて行った野外シネマでは、てんやわんやのビーンの姿に1000人が大笑い。笑いの渦が見えたほどでした。友達を集めて一緒に観れば100倍おもしろいし、仲間同士の絆もきっと深まります。

監督：スティーヴ・ベンデラック｜出演：ローワン・アトキンソン、ウィレム・デフォー｜2007年｜イギリス｜89分

『ぼくの伯父さんの休暇』『のんき大将脱線の巻』
ジャック・タチ監督へのオマージュとして作られた『Mr.ビーン』。Mr.ビーンよりもっとさらっと、洗練した表現をしたのがタチ。わかりやすくオマージュした場面もあるので、表現の違いを観てみて。

## 61
## 『Mr.ビーン　カンヌで大迷惑？!』
### MR. BEAN'S HOLIDAY

62

『お早よう』

GOOD MORNING

小津が描いた渾身のギャグ

昭和の日本を代表する、小津安二郎監督の作品。テレビを買ってもらえない兄弟が、両親とかけひきをするという些細なことが物語の軸に。さらに怒られたことで口を利かないと決める、子どもらしさがかわいいですが、鋭い台詞で社会批判を入れているあたり、さすが小津安二郎だと思います。「テレビは時間の無駄」という大人に対して、「大人の挨拶の方が無駄だ」という兄弟。大人には当たり前のことを子ども目線で言葉にして、その「無駄なものが世の中の潤滑油」であると教えてくれる。また"おなら"を渾身のギャグとして使いますが、音に品があるからちゃんと笑えたり。小津のスタイルはこだわりぬいたカメラアングルや、感情を抑えた台詞回しなど、少し癖がありますが、描かれるのは昭和を生きた人たちの日常の物語。笑いをとても大切にして作られた作品なので、初めての小津映画としておすすめしたい一本です。

監督・脚本：小津安二郎 | 出演：笠智衆、三宅邦子 | 1959年 | 日本 | 94分

『シャイニング』『希望のかなた』

ワンシーンを観ただけでわかる、個性的な映像を撮る監督。キューブリックは一点透視図法と左右対称をダークな世界観で描き、小津を尊敬するカウリスマキは、独特の色彩感覚と無表情な登場人物が特徴。

# 63

## 『ギャラクシー・クエスト』
### GALAXY QUEST

### B級映画だと侮ることなかれ

　僕にとって、ポスターの印象を最もいい方向に裏切られ、イメージの向こう側まで連れていってもらった特別な作品です。昔の栄光にすがる落ち目の俳優たちが、宇宙人たちに助けを求められたことをきっかけに、リアルに宇宙で冒険をする。そのなかで団結力を高め、それぞれが成長していく物語。B級SFやB級コメディだと思っていたら、スペースオペラにもなり、前向きなメッセージを通して勇気までもらえる。"笑いたい"というテーマに一番合う作品で

すが、笑いながらも、さらにその向こう側まで連れていってくれるような深い内容になっています。

　SFテレビドラマシリーズ『スタートレック』のパロディなので、ファンが観ても心の底から感動できるし、僕のようにもともと興味がなかった人でも、きちんと心を揺さぶられる。SFが苦手な人やコメディ映画をあまり観ない人にも、観てほしい一作です。ネバーギブアップ！　ネバーサレンダー！

監督：ディーン・パリソット｜出演：ティム・アレン、シガニー・ウィーバー｜1999年｜アメリカ｜102分

『ブリグズビー・ベア』『ぽんとリンちゃん』
オタクが世界を救う『ギャラクシー・クエスト』と同じく、彼らの存在に光を当てた作品2本。オタクであることで人生が前に進んだり、一つのことを掘り下げるその特徴を全力で肯定してくれる作品。

64

『俺たちフィギュアスケーター』

BLADES OF GLORY

真面目に観てはいけない映画

"正真正銘のおバカ映画"のひと言に尽きる作品。男子フィギュアのスター、ウィル・フェレルが演じるマッチョなマイケルズと、天才美少年マッケルロイはライバル同士。同点1位になり、表彰台で大喧嘩をしたことで、スケート界から追放されてしまう。スポットライトをまた浴びたいという思いで、男性同士でペアを組むことになり、次々とくだらないことが巻き起こって……というわかりやすいストーリー。

「意味なんてどうでもいい。大事なのは刺激だ」という台詞が、この映画の本質を見事に表現しています。話のテンポも良く、カラッと明るいので、元気がないときに観たら、悩んでいたことがどうでもよくなるくらい、大笑いできること間違いなし。誰もが知っているエアロスミスやクイーンなどの曲が、思わぬシーンでかかるのもおもしろい。とにかく想像を超えるくだらなさなので、絶対真面目に観ないでくださいね。

監督：ウィル・スペック、ジョシュ・ゴードン｜出演：ウィル・フェレル、ジョン・ヘダー｜2007年｜アメリカ｜93分

『俺たちニュースキャスター』
『俺たちダンクシューター』
タイトルに"俺たち"と入っていることで、底抜けにくだらない作品の世界観が伝わり、シリーズとして観られる映画。作り手が意図しない形で、日本で受け入れられている現象がおもしろい。

65

# 『さかなのこ』
SAKANA NO KO

魚が好き！その陰に母の覚悟あり

　魚類に関する豊富な知識を持ち、タレントとしても活躍するさかなクンの半生を描いた作品。さかなクン（ミー坊）を演じた、のんがハマり役。好きなものを見つけたミー坊が、なぜすくすく育つことができたのかを丁寧に描いています。そのキーとなるのがお母さん。好きなことをやりなさいと、何も言わずにバックアップしてくれる。安心感がすごく大きい。勉強ができなくても、好きなことがあるならやらせてあげたいと

受け入れる。そういう環境作りはなかなか難しいですが、母の覚悟が伝わってくるところがいいなと思います。

　「男か女か、そんなことはどっちでもいい」というテロップから物語が始まるので、安心してミー坊の過去の世界に浸ることができます。さかなクンが好きなものに突っ走ると、周りの人にいい影響を与えていく、その人間関係まで描いているのもいい。親子で観てもらいたい一作です。

監督：沖田修一｜出演：のん、柳楽優弥｜2022年｜日本｜139分

『ワン チャンス』『海のふた』
したいからする！ 好きなことを見つけたら、とことんやっていいと思える2作。イギリスの世界的歌手ポール・ポッツの実話『ワン チャンス』と、よしもとばななの同名小説を映画化した『海のふた』。

## 子どもを傷つけない、父のやさしい嘘

　イタリアの俳優ロベルト・ベニーニが監督、脚本、主演を務めた感動作。主人公は、強制収容所に送られたユダヤ系イタリア人で、ベニーニはホロコーストを忘れないようにしたのが、きっとこの映画の出発点。悲劇を喜劇として描いているのが素晴らしく、作り手の知性を感じます。辛い状況に置かれながらも、父親として子どもを守ろうとして、息子が悲しんだりしないように、機転をきかせて嘘をつき続ける。

　大人になった息子が回想して、父親の大きな愛を感じるという作りだから、悲しいけれど救いがある。特に前半は笑えて、泣けて、メッセージ性も強い。どんなときもユーモアを忘れず、普段から親子のコミュニケーションが大事だと思わされます。自分の意思でどうにもならないことが起こったとき、この映画を思い出せるかどうか。そのためにも観ておいた方がいいし、観た人同士で語る時間も豊かになると感じます。

監督・脚本：ロベルト・ベニーニ｜出演：ロベルト・ベニーニ、ニコレッタ・ブラスキ｜1997年｜イタリア｜117分

『やさしい嘘』
『グッバイ、レーニン！』
嘘のおかげで救われることもある。2004年の公開作品。今まで信じていたものが崩れたとき、家族はどう振る舞うのか。この嘘は、信頼関係が前提にあるからこそ成り立つことがよくわかります。

66

『ライフ・イズ・ビューティフル』

LIFE IS BEAUTIFUL

子どもに勇気を与える、母のまっすぐな愛

　生まれつきの障がいにより、人とは違う顔を持つ10歳の少年オギーは、5年生になって初めて学校に行くことに。ジュリア・ロバーツ演じる母親が、子どもにまっすぐ愛を伝え、何ができるかというところを描きながらも、重くなりすぎないのがいいところ。大好きな『スター・ウォーズ』ごっこをするかわいいシーンがあったり、映像も色彩もきれいで、ジャック・ホワイトの音楽もいい。またオギーを中心に描きなが

ら、母親やお姉ちゃん、友人から見たシーンがあり、一つの出来事をいろいろな視点から描いているところがおもしろい。それぞれの立場で葛藤があり、その上でオギーの物語になっているから、感情に深みがある。でもさわやかで、温かいのが魅力です。

　観ておくと、子どもの様子がおかしいと感じたときの、対応の仕方が変わってくると思います。美しい映像でメッセージを受け取れるので、ぜひ家族で観てほしいです。

監督・脚本：スティーヴン・チョボスキー｜出演：ジュリア・ロバーツ、ジェイコブ・トレンブレイ｜2017年｜アメリカ｜113分

『チェンジリング』『湯を沸かすほどの熱い愛』

オギーのお母さんに負けない、子どもへの愛情の深い母が登場する映画。実話を基に描かれた『チェンジリング』と、問題を抱える子に母として何をしてあげられるかを描いた『湯を沸かすほどの熱い愛』。

67

『ワンダー 君は太陽』

WONDER

68

## 『母なる証明』

MOTHER

### とことん突きすすむ、母の強烈な愛

　ある親子が幸せに暮らしていますが、息子が殺人事件の容疑で拘束されてしまう。少し知的障がいがあり、罪を犯すはずがないと、わが子の無実を晴らそうとする母の姿を描いた、ポン・ジュノ監督の作品。親子を演じる2人の存在感や演技力はもちろん、ストーリー構成のバランスが良く、伏線を回収してくれるので、ミステリー映画としても観やすく、すごい映画を観てしまったという余韻を残してくれます。

　子どもに何かが起こったとき、親として何ができるかをロベルト・ベニーニとは全く違う方向に突っ走る母親を描いています。母の愛の深さをここまで強烈に描いた作品は、ほかにはありません。観ている側の想定を超えていく、泥沼感をぜひ味わってもらいたいです。母親という軸で物語が進むので、改めて自分の母親のことを客観視して考えるきっかけになるかも。ぞわっとするダンスシーンも必見です。

監督・脚本・原案：ポン・ジュノ｜出演：キム・ヘジャ、ウォンビン｜2009年｜韓国｜129分

『ほえる犬は噛まない』『殺人の追憶』
いまや韓国を代表する監督、ポン・ジュノの初期の作品。『パラサイト 半地下の家族』に繋がる、エンターテイメント映画のなかにシリアスな要素や笑えるシーンがあり、映画としての重厚さも感じられる。

妹から兄へ。やさしい思いに涙する

崩壊寸前の一家が、長い旅を通して絆を見つめ直すロードムービー。主人公の家族はみんな訳あり。おじいさんは薬物中毒、おじさんはゲイで自殺未遂を図り、お兄ちゃんは夢の実現まで一言も口を利かないと決めている。印象的なのは、旅の途中、お兄ちゃんが絶望して、初めて自分の感情をはき出すシーン。妹がお兄ちゃんに歩み寄り、肩にそっと手を置くんです。大袈裟にも作れますが、やさしいメッセージが行動に表れる、さりげなさがこの映画の個性。心の機微をきちんと丁寧に描きたいというのが、すごく表れた名場面でもあります。

悩みや傷つくこともあるけど、つまずいてもいいんだよというメッセージが、作品全体を包んでくれます。笑って泣いて、最後にはダンスシーンと、いろいろな要素が詰まっているのに、シンプルに楽しい映画として観られるのがすごい。家族について考えるきっかけになるかも。

監督：ジョナサン・デイトン、ヴァレリー・ファリス｜出演：スティーヴ・カレル、グレッグ・キニア｜2006年｜アメリカ｜100分

『ルビー・スパークス』『ゼア・ウィル・ビー・ブラッド』
印象的なお兄ちゃんを演じた、ポール・ダノ。名優と共演する機会が多いですが、一切かすむことがなく、個性で真っ向からぶつかれる強さを持った役者です。名優の一人として語り継がれていくはず。

## 69

## 『リトル・ミス・サンシャイン』
### LITTLE MISS SUNSHINE

妹のために走る、兄の健気な愛

　イラン映画として初めて、アカデミー外国語映画賞にノミネートされた作品。貧しい暮らしを送る9歳の男の子アリと、その妹のお話です。修理したばかりの妹の靴をなくしてしまったアリは、親に言うことができず、自分の靴を妹と交代で履いていましたが、なかなか上手くいきません。そんなときに、マラソン大会の賞品に運動靴が出るとわかり……。おもしろいのは、それが3位の賞品だということ。負けず嫌いだから3位になりたくないけど、妹の靴を準備しなくてはいけないという葛藤もあります。

　小競り合いをしつつも妹思いの兄と、お兄ちゃんからもらったペンを大事に使っている妹。さりげないところにも兄妹愛が見て取れて、だからこそ妹との約束を守るために全力疾走する兄に胸が熱くなり、つい応援してしまう。心が洗われるような作品です。シンプルなお話だから、親子やきょうだいで観て、感想を話し合ってみて。

監督：マジッド・マジディ｜出演：ミル・ファロク・ハシェミアン、バハレ・セッデキ｜1997年｜イラン｜88分

『友だちのうちはどこ？』『クローズ・アップ』
イランの映画監督、アッバス・キアロスタミを知る2作。素朴な子どもを描いた『友だちのうちはどこ？』と、表現としておもしろい『クローズ・アップ』。一日の流れを追体験できるイラン映画に注目して。

70

『運動靴と赤い金魚』
CHILDREN OF HEAVEN

## 人生の師匠でもある、最高の兄

　監督ジョン・カーニーの半自伝的作品。1985年のアイルランド・ダブリンを舞台に、主人公のコナーが組むバンドや恋愛など、青春映画の全てが描かれていて、その中心に音楽がある。デュラン・デュランやザ・キュアーなど、1980年代の音楽が満載。男子の青春ってダサくて純粋、だからかっこいい。でも実は、きょうだいの映画だったのではと思うくらい、映画史上最高のお兄ちゃんがキーになってくる作品です。

　コナーにとって、兄は人生の師匠。なにかとお兄ちゃんに相談しながら、自分の道を見つけていこうとする姿がいいし、お兄ちゃんがときどきレコードを渡し、音楽を使って弟とコミュニケーションを取るのが、すごく素敵だなと思います。コナーはお兄ちゃんのレコードを聴いて刺激を受け、どんどん音楽にのめりこんでいく。そんな弟に嫉妬をするのではなく、応援してくれる兄という、理想的な兄弟像が観られます。

監督・脚本・原案・音楽：ジョン・カーニー｜出演：フェルディア・ウォルシュ＝ピーロ、ルーシー・ボイントン｜2016年｜アイルランド、イギリス、アメリカ｜106分

『ハイ・フィデリティ』
『カセットテープ・ダイアリーズ』
音楽とともに生きている人たちが登場する映画。レコードを買ったり、好きな人にミックステープを作ったり。気になった曲だけを楽しむ今の時代だからこそ、観てほしい2作です。

## 71

『 シ ン グ ・ ス ト リ ー ト　未 来 へ の う た 』
SING STREET

きょうだいにしかできないコミュニケーション

スウェーデン映画。主人公はアスペルガー症候群のシモン。シモンは好き嫌いがはっきりしていてこだわりが強く、好きなことは宇宙と丸いもの、お兄ちゃん。嫌いなことは、予想外に起こること、三角、人に触られること。それゆえに親とも上手くいかず、彼を理解してくれるのはお兄ちゃんだけです。その兄弟のコミュニケーションの姿がとてもいい。

決してシリアスな雰囲気ではなく、自分のせいで振られてしまったお兄ちゃんのために恋人探しをするなかで、触られるのが嫌だという、自分の個性をあえてライトに描く作り方のセンスがいい。色も演出も音楽も、ポップな世界観で統一されているのはウェス・アンダーソン的。テンポも良く、悪い人も出てこないし、笑えて最後は兄弟愛に涙する、とてもバランスのいい映画です。小さな子どもから大人まで、どんな人にもおすすめできます。

監督・脚本：アンドレアス・エーマン｜出演：ビル・スカルスガルド、マッティン・ヴァルストレム｜2010年｜スウェーデン｜86分

『キッチン・ストーリー』『なまいきチョルベンと水夫さん』
やさしい気持ちになれる北欧の映画。ノルウェーの『キッチン・ストーリー』と、スウェーデンの『なまいきチョルベンと水夫さん』。風景の美しさや透明感のある映像を通して、北欧の日常が感じられます。

72

『シンプル・シモン』
SIMPLE SIMON

## 映画監督という人間って？

それはウディ・アレンから始まりました。1995年7月、恵比寿ガーデンシネマで『ブロードウェイと銃弾』を観たとき、僕は初めて"監督"という存在を認識したのです。

それまでは、人生をポジティブにしてくれる教訓やメッセージ性を映画に求め、『フィラデルフィア』や『ショーシャンクの空に』といったヒューマンドラマを観漁り、毎回打ちのめされるほどに感動していました。

でも、その映画は違いました。

いわゆるよくあるバックステージものに見えるのですが、光と影の両面を持ったキャラクターが生み出すカオスに常時頭はフル回転。重厚な映像と古いジャズからは作り手のこだわりを、台詞からは哲学を感じ

私のパンフレットコレクション

『偶然と想像』
デザイン：宗仲真紀子、高野稚奈

濱口竜介監督らしい余白の多い作品を、様々な角度から検証してくれる読み応えのある一冊。そしてまた、本編が観たくなる。

『ジャック・ドゥミ、結晶の罠』
デザイン：秋山京子

特集上映に合わせて作られたパンフ。ハードカバー、112ページ。これだけでジャック・ドゥミの全容が理解できる規格外の一冊。

ました。ラストはハッピーエンドとは異な
るほろ苦いフィナーレ。しかもそれがコメ
ディという……。

こんなおもしろい世界を作った人は誰な
んだ？
初めて監督という概念が自分の中に生ま
れた瞬間でした。

監督とは、世界を作る人。その仕事は、決
断をすることです。

俳優部、撮影部、美術部などのセクショ
ンから要求される「AかBか」の選択を瞬
時に行いながら、完成イメージへと近づけ
ていく。または選択を繰り返しながら、探
り、作品を作り上げていく。

言い方を変えれば、監督だけが何もでき
ない人。その構図が、とてもおもしろいと
思います。手に職を持たない監督自身を、
パワフルなプロフェッショナルたちが支え
る。監督が持つ"才能"や"カリスマ性"
に惹かれることで成り立つ特殊な世界。そ
の思いを一身に背負った監督は、尋常じゃ
ないプレッシャーを跳ね除け、ようやく一
本の映画を完成させられる。すごい世界で
す。

是枝。濱口。スピルバーグ。ノーラン。
キアロスタミ。小津。ドラン。チャップリ
ン。ウェス・アンダーソン。世界のどこか
に、あなたとフィーリングの合う監督がき
っといるはずです。
まずは1人見つけてみませんか？

『小さき麦の花』
デザイン：大寿美トモエ

とても美しく、額装したくなる一
冊。ムヴィオラの配給作品ではお
なじみの"配給に寄せて"を読む
たび感謝の気持ちが溢れます。

『ワン・プラス・ワン』
デザイン：大島依提亜

7インチサイズのレコード風ジャ
ケット。本棚に飾っておきたい一
冊です。元YMO高橋幸宏さんの
コラムも収録。

## 73

『エルフ 〜サンタの国からやってきた』

ELF

妖精エルフが織りなす、クリスマスの奇跡

ベストクリスマス映画の一つ。アメリカを代表するコメディ俳優の一人ウィル・フェレルが、小さな妖精エルフに育てられた人間の男性バディを演じ、明るさと純粋さで、無意識に世界を引っ掻き回すコメディです。キュートなアニメーションが要所要所に入ってくる実写で、クリスマスのニューヨークがしっかり描かれている。そしてクリスマスの奇跡がどう起こるかというのが、一番の見どころ。なぜソリが空を飛べるのかに注目して観てほしいです。

『(500)日のサマー』のズーイー・デシャネルが歌うクリスマスソングも必聴。監督はのちに『アイアンマン』や『シェフ 三ツ星フードトラック始めました』を手がけるジョン・ファブロー。人の純粋な心を彼らしくポップに描いています。赤や緑といったクリスマスカラーをはじめとした、ワクワクする映像の楽しさもありファミリー映画としても見応えがあります。

監督：ジョン・ファブロー｜出演：ウィル・フェレル、ジェームズ・カーン、ズーイー・デシャネル｜2003年｜アメリカ｜95分

『素晴らしき哉、人生！』『34丁目の奇跡』
クリスマスだからこその物語が楽しめる、王道のクリスマスムービー。3本のどれでもいいので、年に1度のクリスマスに家族で鑑賞できたら、きっと豊かな映画体験になるでしょう。

74

## 『やかまし村の春・夏・秋・冬』

MORE ABOUT THE CHILDREN OF NOISY VILLAGE

### スウェーデンの四季の行事を堪能

　原作者のアストリッド・リンドグレーンが自ら手がけた脚本を、ラッセ・ハルストレム監督が映画化。スウェーデンの小さな村で暮らす3家族の子どもたちの姿を1年間描き、古き良きスウェーデンを楽しめます。季節のイベントムービーの決定版のような作品ですが、今回注目したいのはエイプリルフール。子どもたちがクラス全員で先生をだまそうと、いつもより早く学校に行って、先生が寝坊したと思わせて大喜び。ス

ウェーデンの子どもはこんな素敵なことを考えるんだと、微笑ましく思えます。

　パーティーで輪になって踊ったり、冬の星空をソリで滑りながら見たり、何気ない日常を愛おしく描き、四季の変化と行事を子どもたちのファッションとともに楽しめるので、北欧に憧れる人にまずおすすめしたいです。子どもたちが芝居ではなく、自然体で楽しんでいますが、フィクションとして描いているところが素敵なんです。

監督：ラッセ・ハルストレム｜出演：リンダ・ベリーストレム、アンナ・サリーン、ヘンリク・ラーソン｜1987年｜スウェーデン｜86分

『ロッタちゃん　はじめてのおつかい』『おもしろ荘の子どもたち』
リンドグレーンの素晴らしさをほかの映画でも体感して。温かな空気のなか、子どものわがまま放題を微笑ましく、ハラハラしながら観られます。それぞれ北欧のライフスタイルが存分に楽しめまるのも◎

リアルに描かれた高校の卒業式

　　朝井リョウの短編小説が原作の、高校の卒業式までの2日間を描いた、上質な青春映画です。廃校も決まっているから、余計に今と向き合わざるを得ないという設定がおもしろい。4人の少女たちの視点で、誰もが経験した卒業式までの時間を丁寧に積み重ねてくれます。卒業式までに、乗り越えないといけない関係性や伝えないといけない思い、答辞を務めなくてはいけない人の複雑な思い、それぞれの小さな思いと背景が描かれているのが素晴らしいです。

　　教室の匂いや廊下の光、下駄箱の音、ディテールを積み重ねているので、自然と作品の世界に入っていけます。学校が全てだったあの頃に感じていた悲しさや切なさ、いろいろな感情が詰まっていて、終盤では驚きの伏線回収も。高校生が観たら、今の時間を大切にしようと思えるのでは？　卒業式というテーマにこんなに適した映画は、ほかにはないと思います。

監督・脚本：中川駿｜出演：河合優実、小野莉奈、小宮山莉渚｜2022年｜日本｜120分

『ハイスクール・ミュージカル』『九月に降る風』
卒業式を描いた、アメリカの『ハイスクール・ミュージカル』と台湾の『九月に降る風』。夏の光の中で描かれる卒業式は瑞々しさを感じて、キラキラとした思いとリンクします。卒業式の雰囲気を見比べて。

## 75

### 『少女は卒業しない』

SAYONARA, GIRLS.

# 76

## 『ティム・バートンのコープスブライド』
### TIM BURTON'S CORPSE BRIDE

## ハロウィンに観たい、死者の世界

　ティム・バートン監督が10年かけて製作したといわれる、ストップモーションアニメ。結婚を控えた青年ビクターが、コープスブライド（死体の花嫁）の指に結婚指輪をはめてしまい、死者の世界に引きずり込まれる。ハロウィンを描いた映画は基本的にホラーが多いなか、不気味でありながらユーモラスなキャラクターに愛着が湧き、物語としても見応えがあります。

　おもしろいのは、現実をモノトーンで冷たい世界として描き、死者の世界が楽しくて魅力的な場所として描かれていること。現実以外にも、楽しい世界があるんだよという見せ方が、ティム・バートンらしいです。主人公と花嫁が2人並んでピアノを弾くことによって、心を通い合わせていくシーンも素敵。楽しいところもありながら切なさがあり、そこに美しさを感じる。ティム・バートンの美意識を凝縮したような作品。ハロウィンにぜひ観てほしい一本です。

監督・製作：ティム・バートン｜出演：ジョニー・デップ、ヘレナ・ボナム＝カーター、エミリー・ワトソン｜2005年｜アメリカ｜77分

『ベイネ　愛の世界旅行』
『ホンジークとマジェンカ』
"愛こそ全て"を描いているアニメーション。それぞれ同じように愛を描きながらも、絵のタッチから作品のトーン、どんな音楽かなど、比較するおもしろさがあるので、併せてぜひ。

## 美しい光のなかで描く複雑な関係性

　2000年代を代表する台湾の青春映画。主人公の女子高生モンは、親友のユエチャンに頼まれて、水泳部の男の子チャンにラブレターを渡すことに。ところがチャンはモンに気持ちが生まれてしまい、モンはチャンにある秘密を告白する。その秘密は思春期ならではの難しさがありますが、それをものすごくきれいな光の中、透明感のある映像で、さわやかな映画として描ききっている点が素晴らしいところ。台北の街並みを自転車で疾走したり、夜のプールや静まり返った体育館、真夏の強い日差しなど、青春映画に必須なキーワードがきちんと押さえられていて、画面いっぱいから夏を感じ、心地よいピアノ曲で台湾の学生たちの青春を感じることができます。

　まだ自分自身のことを理解をしていない思春期。同じ世代の人ならきっと共感できるので観てほしいし、理屈ではなく、光や映像から希望が感じられると思います。

監督・脚本：イー・ツーイェン｜出演：チェン・ボーリン、グイ・ルンメイ、リャン・シューホイ｜2002年｜台湾、フランス｜84分

『牯嶺街少年殺人事件』『あの頃、君を追いかけた』
台湾のティーンたちの青春を描いた作品。世界の映画史に残る『牯嶺街少年殺人事件』と、キラキラと賑やかな青春映画の傑作『あの頃、君を追いかけた』。レベルの高い、台湾映画を幅広く観てほしいです。

# 77

## 『藍色夏恋』
BLUE GATE CROSSING

# 78

## 『いまを生きる』
### DEAD POETS SOCIETY

## 自分を見つめる大切さを教えてくれる

映画史に残る、ヒューマンドラマの傑作。名門といわれる全寮制の学校に赴任してきた型破りな英語教師キーティングが、厳格な規律に縛られている生徒たちに指導していく。彼がかつて結成した詩のクラブを再開し、自分について語り合い、詩や人生の素晴らしさを教えていくうちに、自由な心を持った先生に魅了された生徒たちが、だんだん自分らしさを取り戻していきます。

映画を通して、自分を抑えて生きるのは、実は不自然だと感じてほしい。組織に合わせなくてはいけないこともありますが、その前に自分自身を見つめることで、自分らしさを大切にしながら、社会になじんでいくんだと考える。ロビン・ウィリアムズが演じた教師を自分の恩師のように感じ、彼の言葉を心に留め、辛いと感じたときに思い出すことができたら、それが心の支えにもなると思います。この本を手に取った人は全員、まず観てほしいと思う作品です。

監督：ピーター・ウィアー｜出演：ロビン・ウィリアムズ、ロバート・ショーン・レナード、イーサン・ホーク｜1989年｜アメリカ｜128分

『しあわせの隠れ場所』『グッド・ウィル・ハンティング／旅立ち』
恩師に出会える2本。なかなか前を向けなかった若者が、大人からかけてもらった言葉、示してもらった愛情や行動によって、人生を前向きに生きられるようになる姿が丁寧に描かれている作品です。

79

# 『アイ・フィール・プリティ！人生最高のハプニング』
## I FEEl PRETTY

### ありのままの自分って？

コメディエンヌのエイミー・シューマーの魅力がぎゅっと詰まった作品。自分に自信がないぽっちゃり女子のレネーは、ある日頭を打って気絶し、目が覚めたとき、自分が美女になっていると思い込む。その思い込みによって性格までポジティブになり、自信に満ち溢れていくという、ギャップがおもしろい。レネーの底抜けの明るさは、観ているだけで心が晴れ晴れし、気持ち良く笑って、泣けて、元気が出る一本です。

特に思春期の頃は、見た目がその人を定義づけてしまいがち。でも見た目は一つの個性であって、どんどん変化していくもの。何かのきっかけさえあれば、人はここまで変われるということを、コメディ映画のフレームの中で描いてくれていることに意味がある。自分の容姿で悩んでいる人に観てもらいたい。"ありのままの自分ってどういうことだろう"と考えるきっかけになり、きっと前向きなメッセージがもらえます。

監督・脚本：アビー・コーン、マーク・シルヴァースタイン｜出演：エイミー・シューマー、ミシェル・ウィリアムズ｜2018年｜アメリカ｜110分

『ブリジット・ジョーンズの日記』『愛しのローズマリー』
見た目を気にしながら生きている主人公の映画。見た目から解放されたら、もっと内面に気持ちを向ける余裕ができるかも。今持っている自分の良さを受け入れられたら、幸せになれることがよくわかります。

障がいやセクシャリティも個性のひとつ

ブラジルの青春映画。目の見えない高校生レオは少し過保護に育てられ、幼馴染の女の子といつも一緒にいますが、ある日転校生の少年ガブリエルが現れる。クラシックしか聴いてこなかったレオは、音楽好きなガブリエルに教えてもらったベル・アンド・セバスチャンの音楽をきっかけに、彼に恋心を抱きはじめます。

盲目や同性愛などを特別視せず、一つの個性として受け入れ、シリアスな方向にい

かないのがいいところ。やわらかな色の世界観のなかで物語が進んでいきます。高校生たちが悩む姿がかわいらしいし、作中で流れるベル・アンド・セバスチャンの曲「There's Too Much Love」がぴったり。さわやかな余韻が残り、ほかのブラジル映画と雰囲気も違うし、全世界のティーン映画のなかでも異色な作品。ブラジルの学校の風景や制服も新鮮なので、日本との違いを比べてみてもおもしろいです。

監督・脚本：ダニエル・ヒベイロ｜出演：ジュレルメ・ロボ、ファビオ・アウディ、テス・アモリン｜2014年｜ブラジル｜96分

『セントラル・ステーション』『シティ・オブ・ゴッド』 R15
初めてのブラジル映画として観てもらいたい傑作。少年と中年女性が父親を探すロードムービーと、ブラジルの厳しい現実を描いた衝撃作。同じブラジル映画だと思えないくらい、内容も表現も対照的です。

## 80

『彼の見つめる先に』
THE WAY HE LOOKS

映画で繋がる、年齢を越えた友情

シチリアの小さな村の映画館を舞台に、映画技師アルフレードと少年トトの、師弟関係を超えたヒューマンドラマ。アルフレードがトトにかける響いた言葉の一つが、「何をするにしても自分のすることを愛せ。子どもの頃、映写室を愛したように」。かっこいい先輩は目の前にいなくても、その人をずっと支えれるような言葉を残してくれる気がします。過去にとらわれるのではなく、あくまでもトトの未来に目を向かせてくれたところに、すごく愛がある。背中で見せるだけではなく、ちゃんと言葉でも残してくれる。こんなかっこいい先輩はいないと思います。

個人的に好きなシーンは、アルフレードが映写機を外に向け、建物の壁をスクリーンにして野外上映会にするところ。いつもの街の風景が、一瞬にして映画館に変わる。映画で街に魔法をかけてくれる、忘れられない名シーンの一つです。

監督・脚本：ジュゼッペ・トルナトーレ｜出演：フィリップ・ノワレ、ジャック・ペラン｜1989年｜イタリア、フランス｜124分

『スプレンドール』『ワン・セカンド 永遠の24フレーム』
古き良き映画館を楽しめる2作。もう一つの『ニュー・シネマ・パラダイス』といわれる『スプレンドール』と、中国の映画館が体験できる『ワン・セカンド』。どちらも映画愛にあふれています。

81

『ニュー・シネマ・パラダイス』
CINEMA PARADISO

82

# 『トップガン　マーヴェリック』
## TOP GUN: MAVERICK

トムがいれば、不可能も可能に

　みんな大好きなトム・クルーズが主演した、1986年公開の名作『トップガン』のまさかの続編。主人公マーヴェリックが、若手パイロットに指導する立場になり、訓練や飛行することの難しさを教えていく。こんな上司がいてほしいと思うようなかっこいい先輩を、トム自身が演じています。

　CGもスタントマンも、できるだけ使わずに自分たちで演じ切ってみせるという、トムの本気の思いがこの作品のベース。そんな彼が物語の中だけではなく、実際に先輩という立場で、不可能だと言われた俳優たちが戦闘機に乗ることを可能にし、キャスティングされた若手俳優に指導している。操縦しながらの演技は臨場感が違うし、その本気度がスクリーンを通して伝わってきます。前例のないことをトムが背中で見せてくれて完成した映画なんだと、頭に入れながら観ると、よりグッときます。こんな大スターと同時代に生きていることが幸せ。

監督：ジョセフ・コジンスキー｜出演：トム・クルーズ、マイルズ・テラー、ジェニファー・コネリー｜2022年｜アメリカ｜131分

『マグノリア』『トロピック・サンダー／史上最低の作戦』
助演でも輝くトム・クルーズ。こんな役をやるんだという驚きの『マグノリア』と、悪ノリのエンタメ感に全力で応える『トロピック・サンダー』。トムの大スター感が鼻につく人にこそ観てほしい2作。

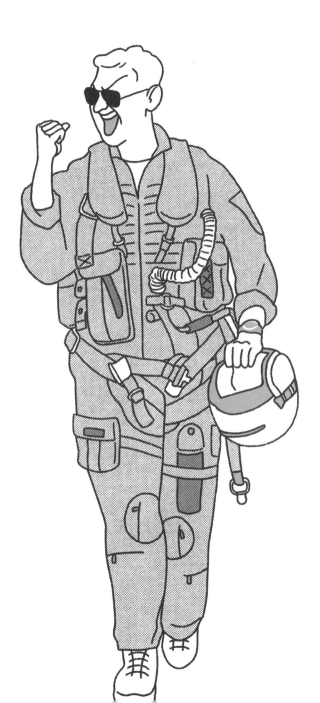

# 83

## 『西の魔女が死んだ』

### THE WITCH OF THE WEST IS DEAD

## 生きる知恵を教えてくれる魔女修行

　中学生の主人公まいと、彼女のイギリス人のおばあちゃんのひと夏の物語。学校に行けなくなったまいが、"西の魔女"と呼ばれる大自然に囲まれたおばあちゃんの一軒家で過ごすことで、人生を前向きに戻していく物語。「魔女修行」としていろいろなことを教えてもらいながら、少しずつ気持ちを回復していきます。「自分が楽に生きられる場所を求めたからって、後ろめたく思う必要はありませんよ」。そんな、まいの人生をずっと支えてくれるような言葉を、わずか1ヶ月の間に残してくれます。

　美しいイングリッシュガーデンで過ごしたり、果実を摘んでジャムを作って食べたり。そういうところからも癒しを与えて、人生をチューニングし直してくれるのが素敵です。かっこいい先輩は、本人自身も偉大でたくましさがありながら、生きる知恵まで与えてくれる。それが、このおばあちゃんにすごく表れています。

監督：長崎俊一｜出演：サチ・パーカー、高橋真悠、りょう｜2008年｜日本｜115分

『ターシャ・テューダー　静かな水の物語』
『ベニシアさんの四季の庭』
素敵な庭とマダムが楽しめる、ドキュメンタリー映画。アメリカのターシャ・テューダーと、京都で暮らすベニシアさん。自然のなかで暮らす人のささやかな日常が、目と耳で存分に味わえます。

かっこいい先輩はすぐ近くにいる

人気ファッションサイトの若きCEOジュールズが主人公。会社がつまずいたとき、近くにいたシニアインターンのベンから助言やポジティブな影響を受け、人生を再生させていきます。ロバート・デ・ニーロが演じるベンは、最近のかっこいい先輩の代表格。会社では彼女より下の立場ですが、キャリアもあり、年齢も重ねているベンの距離感が絶妙です。「最近の若者は……」と言わないし、自分の価値観を無理矢理押しつけることもない。年下から積極的に学ぼうという姿勢もあり、いざというときにはジュールズを支える言葉をさらっと言えてしまう、かっこよさを極めています。

誰にでもいいところがあり、自分ではなかなか気づけませんが、ちゃんと見抜いてくれる先輩や親がいて、言葉にしてくれることで、自分のやってきたことに改めて自信と誇りを持てる。自分と照らし合わせて観ると、ベンの言葉が響くと思います。

監督・脚本：ナンシー・マイヤーズ｜出演：アン・ハサウェイ、ロバート・デ・ニーロ｜2015年｜アメリカ｜121分

『タクシードライバー』『キング・オブ・コメディ』
狂気をリアルに演じられる、ロバート・デ・ニーロが怖い映画。どちらも普通の人がだんだん狂っていく、振り幅が楽しめます。『マイ・インターン』を入り口に、彼の狂気の演技を観てほしいです。

84

『マイ・インターン』
THE INTERN

理解してくれる友達がいれば最強

　1990年代、アメリカの名もなき町が舞台。世間に馴染めず、人付き合いが上手くいかないイーニドと、幼馴染で親友のレベッカ、不器用な女の子2人の友情物語。

　派手な展開は一切なく、誰もが経験したことがあるような日常にフォーカスし、ファッションやカルチャー、音楽のセンスでみせてくれる点が、この映画の特別なところ。イーニドは内気だけれど、内側にはマグマのようなエネルギーや大事にしている世界があり、それを楽しみ、向き合うなかで自分自身を発見していく。人付き合いが上手くなくても大丈夫、一人でも理解してくれる友達がいれば、安心して自分の世界を作っていけるということを教えてくれます。七変化するファッションも見どころですが、イーニドとレベッカのスタイルが全く違うのもおもしろく、その違いがあるからこそ、友情が成立しているんだろうと思わせる表現も見事です。

監督：テリー・ツワイゴフ｜出演：ソーラ・バーチ、スカーレット・ヨハンソン｜2001年｜アメリカ｜111分

『ロミーとミッシェルの場合』『スウィート17モンスター』
モヤモヤを感じている女性が主人公の映画。『ゴーストワールド』の2人とは違う年齢、違う環境の女性たちが、モヤモヤしながらも少しずつ成長していく。3本の映画を観て、比較してみてください。

85

『ゴーストワールド』
GHOST WORLD

86

『マイ・フレンド・フォーエバー』

THE CURE

大事な友だちと観てほしい一本

　90年代を代表する、アメリカの友情映画の最高峰。エイズに感染している11歳のデクスターと、彼を助けようと治療法を探す12歳のエリックの間に、病気による差別や偏見が一切ない、まっすぐな友情が生まれます。"難病もの"としてくくられてしまうかもしれませんが、子どもの純粋性をわかりやすい対比で描いた映画だと思います。

　ブラッド・レンフロ演じるエリックが、隣に引っ越してきた、病気で不安なデクスターにかけてあげる言葉は、大人にとっては少し気恥ずかしさを感じるかもしれません。この年齢だからこそ、大切な友達のために何かしてあげたいという気持ちから生まれるまっすぐな行動や言葉をストレートに描いていて、そこには嘘がありません。

　主人公たちと同世代の人はもちろん、親子で一緒に観て友情の大切さを共有するのもいいし、親友と観て一緒に泣いたら、きっと一生の思い出になると思います。

監督：ピーター・ホートン｜出演：ブラッド・レンフロ、ジョセフ・マッゼロ｜1995年｜アメリカ｜97分

『チョコレートドーナツ』『グリーンブック』
子どもの友情物語である一方、いわれのない差別や偏見を描いた映画。同性愛や人種など、大人の世界にあるさまざまな差別や偏見がどのように描かれているのか、この2本を通して観てほしいです。

87

『プロヴァンス物語　マルセルの夏』
MY FATHER'S GLORY

限られた時間で友情を育む少年たち

　フランスの国民的作家、マルセル・パニョルの自伝的小説『少年時代』3部作を映画化した、9歳の少年の目線で語られる夏の思い出。20世紀初頭、主人公のマルセルがヴァカンス先のプロヴァンスで地元の少年リリと出会い、すぐに意気投合。ヴァカンスの間だけという限られた時間のなかで、都会ではできないさまざまな経験をしながら、一瞬一瞬を楽しむ2人の友情を温かな視点で描いています。

　牧歌的な雰囲気のなかで、2人の友情がキラキラとした映像で表現されているので、心地よく、観ていて癒されます。子どもらしい冒険感や好奇心も描かれているし、基本的に出てくるのはいい人たちばかりなので安心して観られますが、父への憧れや尊敬、失望といった鋭い視点もあります。当時のフランスのファッションのほか、プロヴァンス地方の夏の風景も魅力的。ちょっとした旅気分も味わえます。

監督：イヴ・ロベール｜出演：フィリップ・コーベール、ナタリー・ルーセル｜1990年｜フランス｜111分

『リトル・ランボーズ』『柳と風』
少年の純粋な世界を描いた作品。『リトル・ランボーズ』は映画作りに夢中になる少年、イランと日本合作の『柳と風』は追い込まれた状況での、まっすぐな気持ちと底力が映画の軸になっています。

## 仲良くなりすぎない友情もある

　レネットとミラベル、2人の少女の友情を描いたオムニバス映画。2人が体験する不思議な出来事を4つのエピソードでまとめています。パリジェンヌのミラベルと田舎出身のレネット、対照的な2人が対比して描かれています。

　2人は偶然出会ってすぐに仲良くなりますが、決してものすごく仲良くなるわけではない。それがフランス人的でいいなと思うところです。お互いが自立し、しっかり自分を持っていて、違いを認めあっているからこそ、会話をしているなかで何か違うなと思ったときは、自分の意見をぶつけることができる。友情の形は一つではないし、いろいろな形があっていい。"いつも一緒じゃないと友達じゃない"、"仲良くしなくてはいけない"という友人関係に違和感を覚える子どもにとって、救いの一本になるかもしれないと思います。

監督・脚本：エリック・ロメール｜出演：ジョエル・ミケル、ジェシカ・フォード｜1986年｜フランス｜99分

『17歳の肖像』『レディバード』
知らない世界を見る、出合う2本。今いる世界が全てだと考え、上手くいかずに息苦しい人もいると思いますが、一歩飛び出すと誰かに出会い、自分の世界が広がることがあると教えてくれます。

88

『レネットとミラベル 四つの冒険』

FOUR ADVENTURES OF REINETTE AND MIRABELLE

89

『ビッグ』
BIG

子どもがそのまま大人になったら？

　俳優、トム・ハンクス初期の出世作。早く大人になりたい12歳の少年が、突然35歳に成長してしまうファンタジックな物語。大人になった少年を演じているのがトム・ハンクスです。トム・ハンクスが無邪気で、本当は少年というところに嘘がないので、大人が観ると子ども心の大切さが表れていてワクワクするし、子どもは"大人になったら、こんなに楽しいことができるんだ"と、親子で楽しむことができます。

　大人になった彼は、有名なおもちゃ会社に就職。新商品の開発に携わり、子どもらしい天真爛漫なアイデアが商品化され、大ヒット。子ども心を持っているとこんなことも可能なんだと、大人にもちょっとした夢を与えてくれます。とにかく観てほしいのは、おもちゃ売り場にあるピアノに乗ってトム・ハンクスと社長が2人で並んでダンスをするシーン。子どもの頃に観て、オールタイムベストに選ぶ人が多い作品です。

監督：ペニー・マーシャル｜出演：トム・ハンクス、エリザベス・パーキンス｜1988年｜アメリカ｜104分

『スプラッシュ』
『ターナー＆フーチ　すてきな相棒』
名俳優のトム・ハンクス、初期（80年代）の軽快な作品。コメディ要素のあるラブストーリーと、ドタバタ劇。軽快に動き、スマートでちょっと不器用。人の良さが伝わってくるのが魅力です。

自分の生き方は自分で選んでいける

　1984年のイギリスで実際にあった、炭坑労働者のストライキを描いたヒューマンドラマ。募金活動をする中で、彼らを支援するのが同性愛者の団体。炭坑労働組合という男らしさを大事にする人たちと対立しつつ、次第に生まれる友情を笑いと涙を交えて、前向きに描いたところが最高です。

　僕らの野外上映会でも何度も上映していますが、パレードをしている風景は、開放感のある屋外で観るのにぴったり。ウェー

ルズのおばあちゃんたちがパワフルでかっこよく、男たちが小さく見えます。メッセージ性はありつつ、カルチャー・クラブやザ・スミスなど、80年代のヒットナンバーを使った音楽も良く、カラフルな画面設計も素敵なので、多くの人に観てほしい。映画を観ることで、今の世の中にも繋がるようなことを客観的に観ることができるだけでなく、明日への活力も与えてくれる、貴重な一本です。

監督：マシュー・ウォーチャス｜出演：ビル・ナイ、イメルダ・スタウントン｜2014年｜イギリス｜121分

『ブラス！』『リトル・ダンサー』
同じイギリスの炭坑の町を舞台にしたヒューマンドラマ。男たちだけの世界で本当にしたかったことはできなかったというプライドが、子どもの成長を妨げる。感動の幅が作りやすいシチュエーションです。

90

『パレードへようこそ』
PRIDE

91

# 『バジュランギおじさんと、小さな迷子』

## BAJRANGI BHAIJAAN

### 純粋に突き進むおじさんがかっこいい！

　底抜けに明るい正直者のインド人青年と、声を出すことができないパキスタンの少女。隣国だけど宗教的に対立する国に暮らす2人の、バディもの的なロードムービーです。違いを乗り越えようという姿や、青年が国境を越えて、迷子の少女をパキスタンまで送り届けたいというまっすぐな気持ちにも心が動きます。厳しい状況下で命を狙われたり、電車に飛び乗ったり、大冒険に変わっていったり。泣きながら、ハラハラしつつ、途中で歌って踊る、これぞインド映画というごった煮の魅力も詰まっています。

　ラブロマンス、コメディ、アクション、ドキュメンタリー的要素もあり、最後に熱いヒューマニズムが待っている、満足感が非常に高い作品です。大人になっても純粋性を失っていない人はかっこいいと思えるので、子どもに観てほしい。自分の気持ち一つでどんな生き方もできる。それを体現しているのがバジュランギおじさんなんです。

監督：カビール・カーン｜出演：サルマン・カーン、ハルシャーリー・マルホートラ｜2015年｜インド｜159分

『クロッシング』『FLEE』
決死の覚悟で国境を越える映画。社会派のシリアスな韓国映画『クロッシング』と、アニメーションでドキュメンタリーの『FLEE』。どちらも今作らなければいけないという切実な思いがベースになっています。

92

『顔たち、ところどころ』
FACES PLACES

何歳になっても好きなことができる

　当時88歳のフランスの女性映画監督アニエス・ヴァルダと、34歳の若手アーティストJR。歳の差54歳の2人が、フランスの田舎で作品を作りながら、トラックで旅するロードムービー。旅の条件は"計画しないこと"。気ままな空気感のなかで、人が繋がって起こることを体験できます。

　好きなものを自由な心で追い求めている人は、何歳になっても素敵な友人に出会えるということが、ドキュメンタリーとして描かれているのが素晴らしい。のびのびと、自分らしく好きなことを見つけていければ、こんなに素敵な大人になれる。それぞれ表現者としても人間としても、相手へのリスペクトがあり、そういう2人が一緒にいるだけで、観客の心を溶かしてくれるのもこの映画のいいところです。JRの規格外なクリエイティブは、子どもたちに観てほしい。こんな表現の仕方があるんだと、制作中の姿も観ていてワクワクします。

監督：アニエス・ヴァルダ、JR｜出演：アニエス・ヴァルダ、JR｜2017年｜フランス｜89分

『ワイルド・スタイル』『イグジット・スルー・ザ・ギフトショップ』
JRと同じく、ストリートを舞台に作品作りをしている人の映画。やっていて楽しいことを積み重ねていくことが表現となるストリートアート。自分も好きなものを表現してみたいと、刺激を与えてくれます。

## 少しずつできる、叔父と甥の信頼関係

　ラジオジャーナリストのジョニーと9歳の甥っ子ジェシーの、突然始まった共同生活を美しいモノクロ映像で描いた、マイク・ミルズ監督作品。ジェシーはなかなかつかみづらいタイプの子どもですが、彼の中にくすぶっているいろいろな問題が、ゆっくりとした時間の流れのなかで少しずつ浮かび上がってくる。

　この映画がいいのは、主人公がインタビュアーとして、いろいろな子どもたちにインタビューしているシーンが入るところ。子どもの生の声があることで、登場人物たちの未来の可能性が広がっていく映画の作り方も上手いし、あえてモノクロで描くことで物語感が強くなっています。ジェシーの両親は大変な状況にありますが、彼なりにどうやって受け止めようか悩んでいる姿が、台詞ではなく、映像や表情からにじみ出てくるのが素敵。今、家庭で辛いことがある人が観たら大きなヒントになるはず。

監督・脚本：マイク・ミルズ｜出演：ホアキン・フェニックス、ウディ・ノーマン｜2021年｜アメリカ｜108分

『都会のアリス』『菊次郎の夏』
大人と子どもという関係性で描かれたロードムービー。『都会のアリス』でヴィム・ヴェンダース監督の才能に出合ってほしい。自分の世界の外側にいる大人と繋がる、北野武の『菊次郎の夏』も。

## 93

## 『カモン　カモン』
### C'MON C'MON

自分の過去と向き合った監督に拍手

　ハサミの手を持つ、人造人間のエドワードに、ティム・バートン自身の孤独な思春期が投影されている作品。辛かった過去を自分のクリエイティブで消化しようとするときに、ドキュメンタリーではなく、ファンタジーの中で描いているのが素晴らしい。切なさを感じられる名作です。

　当時、駆け出しの俳優だった2人を起用し、その賭けに成功したことで、新時代を象徴するようなイメージを獲得することが

できました。ジョニー・デップが演じたエドワードは繊細で心がやさしく、ウィノナ演じるキムとの間に芽生える愛は、切なさがあり、涙なしでは観られないラストシーンに繋がります。さらに音楽を担当したダニー・エルフマンによる「The Grand Finale」が、この映画を名作に仕立てあげました。映像もきれいだし、役者たちの演技も素晴らしいですが、ぜひ耳を澄ませて音楽にも注目してほしい一本です。

監督・製作：ティム・バートン｜出演：ジョニー・デップ、ウィノナ・ライダー｜1990年｜アメリカ｜105分

『ティファニーで朝食を』『バグダッド・カフェ』
名作映画には、耳に残る美しい映画音楽が付きもの。『ティファニーで朝食を』の「ムーン・リバー」と、「コーリング・ユー」は曲だけでも素晴らしいので、音楽から聴いてみても。

## 94

## 『シザーハンズ』
### EDWARD SCISSORHANDS

95

『はちどり』

HOUSE OF HUMMINGBIRD

救いは意外と身近にあるのかも

　1994年の経済成長を迎えた韓国という大きなフレームのなかで、14歳の少女ウニの小さな物語を紡ぐ作品。キラキラとした光のなかで描かれているのは、かなりシビアな現実。家に居場所がなく、両親と上手くいかないだけではなく、お兄ちゃんにも暴力を振るわれている。そんなとき、話に耳を傾けてくれる大人として、通っている塾に女性教師が現れて、ウニにとってどれほど救いになったかと思わされます。

　グレタ・ガーウィグやミア・ハンセン＝ラヴのように、人生がままならない女性を主人公に、きれいな映像のなかでシビアな現実を描く女性監督の、韓国代表が本作のキム・ボラ。韓国の社会問題を描きながらも、家族の話になっているため共感性が高く、自分ごととしてウニを観ることができる、もっと語られていい傑作。今現在、生きづらさを抱えている人に、絶対に観てもらいたい一本です。

監督・脚本・製作：キム・ボラ｜出演：パク・ジフ、キム・セビョク｜2018年｜韓国｜138分

『わたしたち』『82年生まれ、キム・ジヨン』
生きづらさを抱えた女性が登場する、同時代の韓国映画。社会やカルチャーを語るなかで、映画にも今までとは違う流れができています。それを読み解いていくことで、韓国社会の影の部分も見えてくるかも。

辛い現実を客観視する材料に

　イギリスの作家パトリック・ネスによる、世界的な児童文学を映画化したスペイン、アメリカ合作映画。13歳の孤独な少年コナーの、イニシエーション的な物語です。母親が余命わずかという、受け入れがたい現実と向き合うなか、毎晩夢に樹木の形をした巨大な怪物が出てきて、3つの真実の物語と、コナーの真実を語らせようとします。

　親がいなくなるという、子どもにとって最大の恐怖に向き合わなくてはいけないハードな状況にファンタジー要素を入れながら、ダークなトーンで描いていく。内容が近い『パンズ・ラビリンス』に比べると直接的な痛みの描写はなく、一点透視図法を使ったりと映像にもスタイルがあるので、上質な映画を観ているという安心感があります。少しずつ現実の辛さを受け入れる客観視できる物語の力はとても大きい。子どもにもわかりやすく、主人公の人生を追体験して、心も浄化できるのでおすすめです。

監督：フアン・アントニオ・バヨナ｜出演：ルイス・マクドゥーガル、シガニー・ウィーバー｜2016年｜アメリカ、スペイン｜109分

『タレンタイム〜優しい歌』『さよなら。いつかわかること』
親を失うかもしれない、失ってしまった子どもが出てくる映画。いつ起こるかわからないことを映画で一度体験しているかどうかで、心の持ちようが変わってきます。それぞれ違う雰囲気のなかで観てほしい。

96

『怪物はささやく』

A MONSTER CALLS

97

# 『LIFE！』

## THE SECRET LIFE OF WALTER MITTY

大自然の旅を通して成長する

　ベン・スティラーが主演と監督も務めた、ヒューマンドラマ。アメリカのグラフ誌『LIFE』の写真管理部で働く主人公ウォルターは、変化のない日々を過ごしていますが、唯一の楽しみが刺激に満ちた空想をすること。そんな彼がある日一大決心をし、世界中を旅しながら、自分の良さに目覚めていくという物語です。

　都会から遠く離れたヒマラヤ山脈や、アイスランドをヘリで移動したり、スケボーで滑走したり。あれだけ控えめだった中年男が大自然と対峙し、目的のために体を張って突き進むからこそ、彼が成長していく様子が、映像を通して伝わってきます。毎日を退屈に感じている人も、自分さえ決心できれば、誰でも人生を冒険することができると教えてくれる。観るととても元気が出るので、モヤモヤ悩んでいる人に観てほしいし、多くの人に奇想天外な冒険旅行を体験してほしいです。

監督：ベン・スティラー｜出演：ベン・スティラー、ショーン・ペン、クリステン・ウィグ｜2013年｜アメリカ｜114分

『たちあがる女』『Heima』
『LIFE！』を観たらきっと行きたくなる、アイスランドの映画。アイスランドの風光明媚な田舎町が舞台の『たちあがる女』と、洞窟や廃墟などでライブをする、シガー・ロスのドキュメンタリー『Heima』。

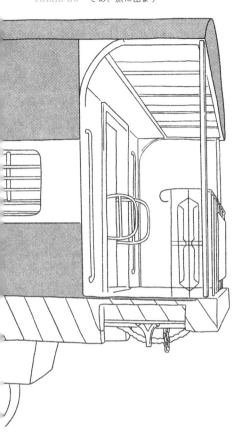

98

『ダージリン急行』

THE DARJEELING LIMITED

## エキゾチックなインドらしい風景

インドの秘境を旅しながら、それぞれ問題を抱える3兄弟が自立に向かっていくロードムービー。インドの実際にある鉄道線路に、撮影用に作った列車を走らせているところに、監督のウェス・アンダーソンのこだわりが感じられます。車窓から見える風景も全て本物。インドの田舎の村や寺院の中、修道院から見える風景など、インドと聞いて連想するような風景を存分に楽しむことができ、今すぐインドに飛びたくなるくらい旅心をくすぐられます。

ウェスの映画はいつでも小物が魅力的ですが、本作の大量のバッグやスーツケースはルイ・ヴィトンの特注品。この贅沢品がラストでどうなるか。注目です。画面の隅々までコントロールしたい監督が、唯一コントロールできない大自然と向き合っている点でも、観やすい一作となっています。

監督・脚本：ウェス・アンダーソン｜出演：オーウェン・ウィルソン、エイドリアン・ブロディ｜2007年｜アメリカ｜91分

『マリーゴールド・ホテルで会いましょう』『河』

インドの美しさを描いた作品。色鮮やかで映像的に楽しい『マリーゴールド・ホテルで会いましょう』。ジャン・ルノワール監督が唯一インドで撮った『河』は、実はウェス・アンダーソンが影響を受けた一本。

手づくり感あふれる、空想の旅へ

　ミヒャエル・エンデの「はてしない物語」を映画化した、80年代を代表するファンタジー。旅といっても具体的な場所ではなく、もっと大きな空想の世界へと誘ってくれる一作です。最も心を奪われるのは、幸運を呼ぶ竜"ファルコン"に乗って、空を飛ぶところ。今観るとすごくアナログな作りなのが、愛らしくていいなと思います。

　主題歌も印象深く、耳から離れないほど。

せっかくなら小学校低学年のうちに観ておくと、細かい作り方の部分が気にならず、想像することや夢見ることの大切さを描いた本作の世界観にどっぷり浸れるのではないかと思います。ちなみに、エンデ自身は原作とは違うラストシーンを認めていないそう。原作を読むと、監督はなぜラストを変えたのか、原作者はなぜ怒ったのかがわかるので、ぜひ比べてみてくださいね。

監督：ウォルフガング・ペーターゼン｜出演：ノア・ハサウェイ、バレット・オリヴァー｜1984年｜西ドイツ｜95分

『ラビリンス 魔王の迷宮』『プリンセス・ブライド・ストーリー』
冒険に満ちたファンタジックストーリー。『ラビリンス』はデヴィッド・ボウイが出演。今のようにCGで未来を作るのとは違う1980年代の、空想の世界を実現したい大人たちが、全力で作った3本です。

99

# 『ネバーエンディング・ストーリー』

## THE NEVERENDING STORY

### 世界遺産を巡る旅をしたくなる

　人生に絶望したスタントマンのロイが、入院先で知り合った女の子に、自殺するための薬を薬剤室から取ってきてもらうため、彼女の気を引こうと語って聞かせる壮大な物語。実際に13の世界遺産を含む、世界24ケ国以上で撮影された、スケールの大きな作品です。世界観が美しく、どれも実在する風景とは思えないほどですが、それが実際にある場所だとわかれば、いつか行ってみたいと思うような力を持った色彩と映像美。映画で世界遺産と出合い、いつか本物を見に、聖地巡礼の旅に出てもらいたいなと思います。

　併せて、世界的な衣装デザイナー・石岡瑛子による斬新なコスチュームにも注目。

　物語はストレートな人間賛歌。多くの人が感動できるヒューマンドラマとなっています。ファンタジーではなく、少女に聞かせる話として描いたところが素敵です。

監督：ターセム・シン｜出演：カティンカ・アンタルー、リー・ペイス｜2006年｜インド、イギリス、アメリカ｜118分

『ドラキュラ』
『白雪姫と鏡の女王』
本作で衣装デザインを担当した、石岡瑛子の代表作。フランシス・F・コッポラ監督の『ドラキュラ』の衣装を手がけたのを機に、日本の映画人に勇気を与えました。改めて衣装にフォーカスして。

# 100

## 『落下の王国』

### THE FALL

索引

P.014　　　P.018　　　P.200　　　P.022　　　P.036　　　P.096

(P.014) 発売・販売元：ソニー・ピクチャーズエンタテインメント｜Blu-ray & DVD発売中｜デジタル配信中｜税込価格：2,619円 (Blu-ray) (P.018) 発売・販売元：ワーナー・ブラザース ホームエンターテイメント ※デジタル配信中 TM & © 2023 Warner Bros. Entertainment Inc. All rights reserved. (P.200) 発売元：ハピネットファントム・スタジオ｜販売元：ハピネット・メディアマーケティング｜Blu-ray & DVD発売中｜税込価格：6,600円 (Blu-ray) ©2021 Be Funny When You Can LLC. All Rights Reserved. (P.022) 発売元：NBCユニバーサル・エンターテイメント｜Blu-ray & DVD発売中｜税込価格：2,075円 (Blu-ray) ※2023年10月の情報です (P.036) 発売元：NBCユニバーサル・エンターテイメント｜Blu-ray & DVD発売中｜税込価格：2,075円 (Blu-ray) ※2023年10月の情報です (P.096) 発売元：ワーナー・ブラザース ホームエンターテイメント｜販売元：NBCユニバーサル・エンターテイメント｜Blu-ray & DVD発売中｜税込価格：2,619円 (Blu-ray) ©1951 Tuner Entertainment Co. ©2000 Warner Bros. Entertainment Inc. All rights reserved

●一人きりで観るのがおすすめ

◉上映時間が短めの作品（100分以下）

## ◉大自然を感じる

（P.026）発売元・販売元：KADOKAWA｜DVD発売中｜税込価格：5,170円（P.072）発売元・販売元：ワーナー・ブラザースホームエンターテイメント｜販売元：NBCユニバーサル・エンターテイメント｜Blu-ray＆DVD発売中｜税込価格：2,619円（Blu-ray）©2015 Warner Bros. Entertainment Inc. and Ratpac-Dune Entertainment LLC. All rights reserved.（P.044）販売元：バンダイナムコフィルムワークス｜Blu-ray＆DVD発売中｜デジタル配信中｜Blu-ray＆DVD各4,800円（税抜）2002-2010｜Blu-ray発売中（P.074）販売元：バンダイナムコフィルムワークス｜Blu-ray＆DVD発売中｜デジタル配信中｜ソニー・ピクチャーズエンタテインメント｜Blu-ray＆DVD発売中｜デジタル配信中 ©2009「南極料理人」製作委員会（P.076）発売・販売元：ソニー・ピクチャーズエンタテインメント｜Blu-ray＆DVD発売中

● おいしそうなごはんが登場

移動映画館「キノ・イグルー」館長
有坂 塁　　Rui Arisaka

中学校の同級生・渡辺順也氏と共に2003年に「キノ・イグルー」
を設立。東京を拠点に全国各地のカフェ、雑貨屋、書店、パン屋、
美術館、無人島など、様々な空間で世界各国の映画を上映してい
る。また、映画カウンセリング「あなたのために映画をえらびま
す」や、毎朝インスタグラム「ねおきシネマ」を投稿するなど、自
由な発想で映画の楽しさを伝える。"映画パンフレット愛好家"と
しても活動中。どんなときでも、映画の味方です。
Web Site：http://kinoiglu.com（2023年11月現在）
Instagram：@kinoiglu

18歳（じゅうはっさい）までに子（こ）どもにみせたい映画（えいが）100（ひゃく）

2023年12月 4 日　初版発行
2024年 7 月30日　4 版発行

| | |
|---|---|
| 著者 | 有坂 塁（ありさか るい） |
| 発行者 | 山下直久 |
| 発行 | 株式会社KADOKAWA<br>〒102-8177<br>東京都千代田区富士見2-13-3<br>電話：0570-002-301（ナビダイヤル） |
| 印刷所 | TOPPANクロレ株式会社 |
| 製本所 | TOPPANクロレ株式会社 |